Métodos de Ensino em Direito

Métodos de Ensino em Direito
CONCEITOS PARA UM DEBATE

2020 · 2ª EDIÇÃO

Organização
José Garcez Ghirardi

MÉTODOS DE ENSINO EM DIREITO
CONCEITOS PARA UM DEBATE – 2ª EDIÇÃO
© Almedina, 2020
ORGANIZAÇÃO: José Garcez Ghirardi

DIRETOR ALMEDINA BRASIL: Rodrigo Mentz
EDITORA JURÍDICA: Manuella Santos de Castro
EDITOR DE DESENVOLVIMENTO: Aurélio Cesar Nogueira
ASSISTENTES EDITORIAIS: Isabela Leite e Larissa Nogueira

PREPARAÇÃO E REVISÃO: Monalisa Marcondes Neves (Arte da Palavra Estúdio Editorial) e Lyvia Felix
DIAGRAMAÇÃO: Almedina
DESIGN DE CAPA: Roberta Bassanetto

ISBN: 9786556271521
Dezembro, 2020

Dados Internacionais de Catalogação na Publicação (CIP)
(Câmara Brasileira do Livro, SP, Brasil)

Métodos de ensino em direito : conceitos para um
debate / organização José Garcez Ghirardi. --
2. ed. -- São Paulo : Almedina, 2020.

ISBN 978-65-5627-152-1

1. Aprendizagem 2. Debates 3. Direito - Brasil 4.
Educação 5. Ensino superior 6. Metodologia I.
Ghirardi, José Garcez.

20-48041   CDU-34(81)

Índices para catálogo sistemático:

1. Direito : Brasil 34(81)

Aline Graziele Benitez - Bibliotecária - CRB-1/3129

Este livro segue as regras do novo Acordo Ortográfico da Língua Portuguesa (1990).

Todos os direitos reservados. Nenhuma parte deste livro, protegido por copyright, pode ser reproduzida, armazenada ou transmitida de alguma forma ou por algum meio, seja eletrônico ou mecânico, inclusive fotocópia, gravação ou qualquer sistema de armazenagem de informações, sem a permissão expressa e por escrito da editora.

EDITORA: Almedina Brasil
Rua José Maria Lisboa, 860, Conj.131 e 132, Jardim Paulista | 01423-001 São Paulo | Brasil
editora@almedina.com.br
www.almedina.com.br

SOBRE O ORGANIZADOR

José Garcez Ghirardi
Pós-doutorado no Collège de France (Chaire État Social et Mondialisation). Advogado formado pela Universidade de São Paulo (USP). Mestre e Doutor em Estudos Linguísticos e Literários em Inglês pela Universidade de São Paulo. Diretor de Formação Docente da Associação Brasileira de Ensino do Direito (ABEDI). Coordenador do Observatório do Ensino do Direito da Escola de Direito de São Paulo da Fundação Getulio Vargas (FGV DIREITO SP). Adjunt Faculty da Gonzaga Law School (WA/EUA), onde lecionou os cursos Jurisprudence and the Arts e Political Economy of Law and Development. Foi pesquisador visitante na Wayne State University (Detroit-MI, EUA), com bolsa concedida pelo CNPq. Professor em tempo integral da FGV DIREITO SP (Graduação, Mestrado e Doutorado). É autor, entre outras obras, de *O Instante do Encontro: questões fundamentais para o ensino jurídico* (FGV DIREITO SP, 2012) e *Narciso em sala de aula: novas formas de subjetividade e seus desafios para o ensino* (FGV DIREITO SP, 2016).

SOBRE OS AUTORES

Ana Mara França Machado
Graduada em Direito pela Universidade de São Paulo (USP). Mestre e Doutora pelo Departamento de Filosofia e Teoria Geral do Direito da Faculdade de Direito da Universidade de São Paulo. Foi pesquisadora visitante no programa de doutorado (Visiting Doctoral Researcher) da Escola de Direito da New York University (NYU) e bolsista Fulbright-Capes.

Catarina Helena Cortada Barbieri
Doutora e mestre em Direito pela Universidade de São Paulo (USP) e graduada em Direito pela mesma instituição. Foi Fox International Fellow na Universidade de Yale e *visiting doctoral student* na Universidade de Toronto. É professora da Escola de Direito de São Paulo da Fundação Getulio Vargas (FGV DIREITO SP) e editora-chefe da *Revista Direito GV*.

Daniel Monteiro Peixoto
Bacharel em Direito pela Universidade Federal do Espírito Santo. Mestre e Doutor em Direito Tributário pela Pontifícia Universidade Católica de São Paulo (PUC-SP). Professor do quadro permanente da Escola de Direito de São Paulo da Fundação Getulio Vargas (FGV DIREITO SP).

Daniela Monteiro Gabbay
Mestre e doutora em Direito Processual pela Faculdade de Direito da Universidade de São Paulo (USP). Professora da Graduação e da Pós-graduação da Escola de Direito de São Paulo da Fundação Getulio Vargas (FGV DIREITO SP). Visiting fellow na Universidade de Yale e na London School of Economics and Political Science (LSE). Advogada.

Flávia Scabin

Professora e pesquisadora da Escola de Direito de São Paulo da Fundação Getulio Vargas (FGV DIREITO SP). Coordenadora do Grupo de Pesquisa sobre Direitos Humanos e Empresas e do Programa de Pós-Graduação em Desenvolvimento e Meio Ambiente da FGV DIREITO SP. Advogada pela Pontifícia Universidade Católica de São Paulo (PUC-SP). Mestre pela Universidade de São Paulo (USP). Membro do Centro Regional de Tomada de Decisão da UNESCO e da Agenda de Convergência para Grandes Empreendimentos da Secretaria de Direitos Humanos da Presidência da República.

Leonardo Arquimimo de Carvalho

Mestre em Direito pela Universidade Federal de Santa Catarina (UFSC).

Lígia Paula Pires Pinto Sica

Doutora em Direito Comercial pela Universidade de São Paulo (USP). Professora do GVLaw. Coordenadora Centro de Pesquisa em Direito, Gênero e Identidade da Escola de Direito de São Paulo da Fundação Getulio Vargas (FGV DIREITO SP). Pesquisadora concursada da FGV DIREITO SP.

Luciana de Oliveira Ramos

Doutora em Direito Constitucional pela Universidade de São Paulo (USP). Mestre em Ciência Política pela Faculdade de Filosofia, Letras e Ciências Humanas da Universidade de São Paulo (FFLCH-USP). Graduação em Direito pela Pontifícia Universidade Católica de São Paulo (PUC-SP). Coordenadora de Pesquisa Jurídica Aplicada na Escola de Direito de São Paulo da Fundação Getulio Vargas (FGV DIREITO SP). Professora do Programa de Pós-graduação Lato Sensu – Gvlaw e também do Global Law Program. Pesquisadora do Núcleo de Justiça e Constituição e do Grupo de Pesquisa em Direito e Gênero da FGV DIREITO SP. Membro da equipe de pesquisa Índice de Confiança na Justiça (ICJBrasil) e Índice de Percepção do Cumprimento da Lei (IPCLBrasil).

Thiago Acca

Doutor e Mestre pela Faculdade de Direito da Universidade de São Paulo (USP). Professor da Escola de Direito de São Paulo da Fundação Getulio Vargas (FGV DIREITO SP) e da Faculdade de Direito (*campus* Alphaville) da Universidade Presbiteriana Mackenzie. Coordenador de Projeto do Centro de Direitos Humanos e Empresas (CeDHE) da FGV DIREITO SP.

Thomaz Henrique Junqueira de Andrade Pereira
Professor da Escola de Direito do Rio de Janeiro da Fundação Getulio Vargas (FGV DIREITO RIO) e Doutorando em Direito na Yale Law School. Foi Professor Visitante da National Law University, Delhi (NLUD). Bacharel em Direito e Mestre em Direito Processual Civil pela Faculdade de Direito da Universidade de São Paulo (FDUSP). Mestre em Direito Empresarial pela Faculdade de Direito da Pontifícia Universidade Católica de São Paulo (PUC-SP). Mestre em Direito (Master of Laws – LL.M.) pela Yale Law School.

Vivian Cristina Schorscher
Graduação e doutorado em Direito pela Universidade de São Paulo (USP). Atuou como pesquisadora do Núcleo de Direito Penal e de Metodologia do Ensino da Escola de Direito de São Paulo Fundação Getulio Vargas (FGV DIREITO GV). Desenvolveu seu doutorado parcialmente na Universidade de Frankfurt, na Alemanha, em programa de doutorado-sanduíche, onde também atuou como pesquisadora no Centro de Pesquisas sobre Teoria e Ética do Direito Penal. Coordenadora do "Competence Center Governance & Audit" na Frankfurt School of Finance & Management.

APRESENTAÇÃO À 1ª EDIÇÃO

1. Os ensaios deste livro são oferecidos ao debate sobre o ensino de Direito, particularmente no que se refere à distinção, conceitual e prática, entre *alguns tipos usuais* de metodologia participativa.

São eles: Clínicas de Direito (CL), Ensino por Problema (PBL – *Problem Based Learning*), *Role-Play* (RP), Seminário como técnica de ensino (SM), Método do Caso (MC), Debate em sala de aula (DB) e Diálogo Socrático (DS).

Embora tenha um capítulo para cada método, *não se trata, aqui, de criar um manual* que simplesmente estipula normas didáticas a seguir. Antes, o livro pode ser lido como um conjunto de breves textos de "história natural" em que cada método é descrito (especificado) em sua racionalidade própria, e discutido criticamente, tendo em vista o contexto de sua origem e aplicação. Esse tratamento aberto permite que a discussão de cada ensaio venha a abrir caminhos para experimentação didática, por adaptação ou criação de novos métodos de ensino, no sentido de transformações que se fizerem valiosas, diante de novas ideias, novos tempos e novos contextos acadêmicos.

Daí a possibilidade e a conveniência de que o livro seja submetido a leituras diferentes. Esta Apresentação é apenas uma dessas possíveis leituras, para a qual escolhi o seguinte roteiro: (a) singularidade do método; (b) eficácia da aprendizagem, com reflexos nas alternativas de avaliação do desempenho; (c) circunstâncias e contextos do aparecimento e da evolução do método; (d) papel do aluno e do professor na aula, no curso e na escola, para cada método; (e) procedimentos, táticas e estratégias de aplicação de cada método; (f) interação entre a sistematização dos conteúdos e as decisões didáticas; (g) interação entre métodos distintos; (h) argumento de "autoridade" e valor da participação; (i) elementos extrajurídicos do ensino de Direito.

2. A decisão de se dedicar cada capítulo a um método de ensino deverá trazer maior *especificidade* à comparação que usualmente se faz, em termos gerais, entre um ensino tradicional e uma didática nova e mais dinâmica.

Assim, por exemplo, o "princípio" de focalizar o ensino no papel do aluno é especificado, no capítulo sobre as "clínicas", em termos do compromisso do aluno com um serviço profissional real e "concreto". Diz o texto no Capítulo 1: "[...] nas clínicas a responsabilidade de levar a cabo uma proposta de solução é muito mais delicada do que em uma prova dissertativa, por exemplo", pois exigirá do aluno "um grande esforço [...] na prática de diversas habilidades – entrevistar clientes, redigir peças jurídicas, organizar informações etc."

Também no Capítulo 2, há uma especificação para singularizar o PBL em comparação com outros métodos "problematizantes".

Além dessa especificação por método, os textos trabalham, direta ou indiretamente, a questão da eficácia de cada método e a consequente problematização da avaliação de desempenho. Diz o capítulo sobre o *Role-Play*: "A avaliação do desempenho dos alunos pode ser oral (com base na atuação dos personagens) ou escrita (incidindo na redação de planos de ação, memorandos, contratos, peças processuais, entre outros); individual (o que evita o efeito 'carona' de alguns alunos) ou em grupo; com foco no conteúdo ou nas habilidades desenvolvidas".

Os sete textos podem servir para um debate sobre avaliação do aproveitamento no ensino participativo. Ainda do texto sobre *Role-Play*, temos que "A partir da postura assumida pelos alunos em cada papel, é possível avaliar as atitudes adotadas sob perspectiva ética e valorativa", o que amplia os critérios de avaliação para a ética do ensino e os valores dos alunos.

Na prática, essa ampliação introduz, no processo de avaliação, um forte componente de subjetividade.

A invenção e o desenvolvimento de cada método ocorreram em *determinadas condições e situações da profissão e do ensino* de Direito, e esse contexto foi objeto de análise nos sete textos. No caso do "Método do Caso", vários capítulos mencionam sua invenção, ainda nos fins do

APRESENTAÇÃO À 1ª EDIÇÃO

século XIX, sua evolução nas escolas de Direito dos EUA e sua prática em conjunto com alguma forma de "Diálogo Socrático".

Tal prática e sua crítica estão na origem de outros dois métodos, o Ensino por Problema (PBL) e as *Clínicas de Direito*.

Um histórico desses dois métodos revela aspectos do contexto social e acadêmico em que surgiram e evoluíram. O movimento em favor das clínicas contou com a ação de associações profissionais e acadêmicas, além da influência do movimento do Realismo Jurídico nos anos 1920 e 1930. "A Clínica de Direito foi proposta por Frank, já nos anos 1930, como resposta à exigência do mercado e da sociedade estadunidense por um novo perfil do advogado".

O livro também aborda, em termos do conceito de cada método e de sua implementação, as *posições relativas do professor e do aluno* nas inovações propostas. No estudo sobre o método do "seminário", esse tema aflora com ênfase: "[...] a discussão entre alunos é aspecto fundamental para a caracterização desse método, que não deve ser confundido com uma aula expositiva dada por alunos, mesmo porque se trata de uma técnica de ensino socializado". Diz, ainda, o texto que a importância do Seminário "[...] é grande por aumentar o envolvimento do aluno no processo de aprendizado, rompendo com a rotina da aula expositiva". Mas a abertura para o protagonismo do aluno não pode fugir àquilo que "singulariza" o Seminário, a saber, "a função de investigar ou ensinar a investigar" por meio da formação de "um grupo de estudos sob a direção de um professor". A alteração das relações entre professor e aluno, "rompendo com a rotina da aula expositiva", não exime o aluno e o professor do compromisso com a profundidade da reflexão e com a vocação do seminário como método de ensino". Esta vocação deve aproximar-se do modelo "das instituições organizadas para produção científica e investigação contínua de um único tema".

Para esse fim, a função do professor é nova e crucial.

Para cada método, é possível pensar em *estratégia e tática*. Diz-se que o ensino participativo é, por princípio, mais prático, situacional e voltado para as potencialidades do aluno e suas condições. É possível ler o presente livro como um conjunto de propostas apresentadas à crítica "de princípio" (estratégias de ensino participativo) e "de procedimento" (táticas para maior eficácia do ensino).

Talvez a problematização do "Método do Caso" seja particularmente útil para objetivar a questão: uma "crítica significativa" a esse método "afirma que a amplamente divulgada análise jurídica realizada [por ele] não passa de simples articulação resumida das posições ocupadas pelas partes de um processo e seus argumentos jurídicos contrapostos". Se de fato assim fosse, o Método do Caso teria curto alcance. Após registrar a extensão do método aos campos de Administração e Economia, além de descrever sua evolução no campo do Direito, o capítulo indica uma "acepção mais moderna" pela qual "o caso deixa de ser uma mera decisão judicial e passa a corresponder a uma narrativa de fatos reais, a partir da qual os estudantes devem extrair o direito e as normas aplicáveis, sem que os aspectos extrajurídicos necessariamente envolvidos sejam ignorados e deixados de lado".

Esta parece ser uma discussão estratégica. O Método do Caso se restringiria a ser o que refere a crítica mencionada? Ou deveria ser útil para a problematização de situações mais complexas, inclusive pela presença de "aspectos extrajurídicos"? Seria um simples apoio formal à judicialização? Ou deveria trazer elementos novos, para a reflexão?

Para cada uma dessas definições *estratégicas* haverá operações (*táticas*) diferentes de aplicação, assim como critérios e programas de avaliação de desempenho. Essa questão da correspondência entre a lógica de cada método e a lógica da avaliação do desempenho aparece em todos os capítulos.

Veja-se, por exemplo, o ensaio sobre o "Ensino por Problema". O PBL teria recursos para "desenvolver a habilidade do raciocínio crítico", além do "raciocínio prospectivo, essencial a qualquer profissional do Direito". Temos aqui a proposta de um novo método de ensino participativo com a qual se procura responder às críticas ao "Método do Caso", particularmente quando praticado em conjunto com alguma forma de "Diálogo Socrático", em aulas expositivas. O PBL "se caracterizaria como um método que tem o aluno como elemento central de sua abordagem – professores são entendidos mais como facilitadores do que como disseminadores"; o PBL teria como seu objeto central "problemas complexos [...] os quais servem de estímulo inicial e baliza da aprendizagem".

Os textos aqui apresentados não se limitam a descrever cada método, mas indicam que em um dado curso ou disciplina, *vários métodos podem ser articulados, com proveito*. Assim, a distinção entre os métodos do

APRESENTAÇÃO À 1ª EDIÇÃO

Role-Play e da simulação os especificam e relacionam. A crescente preferência pelo PBL pode vir a torná-lo um recurso para a articulação entre vários métodos, no tratamento de um mesmo problema, dentro dos limites de uma aula ou disciplina.

De formas diferentes, os capítulos podem ser lidos como propostas no sentido *da interação entre sistematização de conteúdos e decisões didáticas*; essa interação é assimétrica, em favor dos conteúdos, embora o objetivo do livro seja metodológico. Assim, no capítulo sobre o Seminário como método de ensino, são explicitadas as seguintes habilidades desejadas: "ler um texto complexo, aprender a trabalhar em grupo, especialmente pesquisar em grupo, colher informações, filtrá-las, sistematizá-las e transformá-las em uma apresentação, ensinar a abordar racionalmente um problema ou tópico, monitorar processos próprios de pensamento, questionar pressuposições implícitas, desenvolver a capacidade de refletir e expor argumentos perante um grupo, ouvir críticas e, portanto, verdadeiramente discutir ideias". Até aqui, trata-se de habilidades e competências úteis a diferentes campos de conhecimento. Mas o texto especifica: "No âmbito específico de um curso de Direito, tais habilidades e competências gerais podem ser refinadas pelo fato de que a discussão pode ser um momento para estimular o raciocínio jurídico ou para apresentar textos complexos".

O "Debate em Sala de Aula" é apresentado, em suas várias modalidades, como meio de permitir maior participação do aluno em aulas expositivas, assim contribuindo para a melhor compreensão da matéria. Questiona, porém, seu caráter de "técnica autônoma de ensino". E continua, "talvez seja mais adequado dizer que o Debate é um recurso pedagógico que visa a participação dos alunos, capaz de ser empregado conjuntamente, em maior ou menor grau, às mais variadas metodologias, como o *role-play*, a simulação, o *case method*, o método socrático e ainda a própria aula expositiva".

É este o momento de notar o ponto a que chega o capítulo sobre o Diálogo Socrático ao fazer distinção conceitual e operacional entre ensino tradicional e ensino participativo. O DS é um caminho ultracrítico, a ponto de sujeitar à crítica suas próprias veredas. Embora o texto apresente sugestões práticas para tornar útil o DS, sua contribuição principal parece ser seu radicalismo no questionamento lógico e empírico das respostas e soluções – desde que o DS não seja indevidamente simplificado, o que aconteceu e foi questionado no contexto do ensino de Direito nos EUA.

Outro capítulo aborda a questão do papel do professor e do aluno na utilização do Diálogo Socrático. "Os discentes devem ser instigados individualmente a apresentar sua opinião sobre algum tema, explorando os valores presentes nas suas crenças [...]", as quais são desafiadas na situação de aula; inclusive "sua forma de compreender o mundo e, consequentemente, viver [...]". E continua: "O professor deve participar do diálogo e deve estar aberto para o aprendizado, [...] não pode incorporar um papel que exige deferência; e o desconforto não pode ser confundido com intimidação".

3. A leitura que escolhi para esta Apresentação não esgota, evidentemente, as variadas linhas de reflexão iniciadas nestes capítulos.

Outras questões foram discutidas. Por exemplo, se devem ou não as escolas de Direito pautar sua agenda de ensino-aprendizagem pelas necessidades práticas, profissionais, do advogado em ação no mundo "real"; ou pelas vocações e dilemas da academia, também no mundo "real" – e político. Todos os capítulos deste livro se envolvem nessa e em outras questões de circulação extensa, como deixam claro os autores na referência às suas fontes bibliográficas. Em Direito, como em outros campos, as propostas de aprimoramento didático extrapolam o tratamento metodológico e alcançam questões teóricas. Outros leitores poderão dizer se é mesmo assim.

Esdras Borges Costa *(In memoriam)*
Professor e grande expoente das Ciências Sociais no Brasil. Graduado em Ciências Políticas e Sociais pela Escola de Sociologia e Política de São Paulo. Pós-graduação em Sociologia na Universidade de Berkeley (EUA). Lecionou na Escola de Sociologia e Política de São Paulo, na Escola de Administração de Empresas da Fundação Getulio Vargas, entre outras instituições. Sócio-fundador do Centro Brasileiro de Análise e Planejamento (CEBRAP). Atuou intensamente como assessor para metodologia de ensino da Escola de Direito da Fundação Getulio Vargas (FGV DIREITO SP).

APRESENTAÇÃO À 2ª EDIÇÃO

O convite para apresentar a segunda edição desta obra me permite compartilhar alguns pontos de interpelação à realidade neste inverno do ano amargo de 2020. Enfrentamos na condição de espécie as consequências nefastas do modelo de globalização que privilegiou capitais, seus fluxos e racionalidades, em lugar de pessoas, suas necessidades e projetos de vida. Por óbvio, negligenciou também o fato de não podermos prescindir de um equilíbrio sistêmico planetário já amplamente comprometido.

Tenho dito aos estudantes com quem tenho trilhado caminhos pedagógicos na Faculdade de Direito da Universidade de Brasília que fazer pesquisa é, sobretudo, encontrar vias de acesso a realidades que nos demandam esclarecer em níveis crescentemente complexos as questões às quais deveríamos dar prioridade em nossa tarefa de criar conhecimento pertinente para a comunidade epistemológica.

Recentemente, este que tem sido um ofício de pesquisadoras e pesquisadores, e se torna uma tarefa imposta aos que se deparam com o fato de que as práticas pedagógicas que há muito vinham perdendo eficácia por fim demonstram sua completa fragilidade. Essa conclusão de que a formação discente baseada na concepção de que o domínio do docente sobre seu campo de conhecimento era pressuposto exclusivo de sua boa adequação pedagógica, ou que bastava isto para "ensinar Direito", é refutada pelas diferentes metodologias ou construções didáticas que podem ser encontradas nos capítulos ora oferecidos. De maneira clara, amparados em técnicas de pesquisa pertinentes e cuidadosas, oferecem modalidades que bem podem ser adotadas em diferentes disciplinas, atividades curriculares variadas ou mesmo quando estas integram o currículo na forma extraclasse.

Desde modalidades participativas com as quais grande parte da comunidade docente tem alguma familiaridade, mas pouco domínio efetivo, como os seminários, até aquelas mais inéditas entre nós, mas que chegam despertando notável interesse, principalmente entre as/os mais jovens na atuação profissional e que buscam realizar a promessa de integrar ensino, pesquisa e extensão, como é o tema das Clínicas de Direito e todas as ricas possibilidades de formação discente que nos trazem, são objeto do exame atento e criativo das autoras e autores que trabalham seus textos sob a coordenação sensível e sempre inovadora de José Garcez Ghirardi.

Desde há quase duas décadas, ou seja, desde o surgimento do projeto pedagógico da Escola de Direito de São Paulo, ou FGV DIREITO SP, este já trazia um elemento até então quase ausente da educação jurídica brasileira. Trata-se exatamente das diferentes metodologias que podem amparar relações pedagógicas mais afinadas a perfis discentes de nosso tempo: diversos, ciosos e orgulhosos de suas experiências sociais prévias à educação superior, buscando não a adesão a cânones ortodoxos de aprender, fazer e criar direitos, mas, em grande medida, capacitar-se para atuar em espaços profissionais de complexidade vertiginosa, onde competências não privilegiadas pelo ensino tradicional tornam-se decisivas.

Em outra escala, perplexos, docentes se indagam sobre o futuro possível em contextos pedagógicos que parecem derreter, com a velocidade que evidencia a deficiente preparação da imensa maioria para atuar em espaços de educação não baseada em performances presenciais. A hegemonia do discurso sobre a formação do saber jurídico não está mais garantida, e a urgência de adaptação a linguagens mediadas por signos vorazes lhes remete às angústias experimentadas pelos peregrinos que chegavam às portas de Tebas.

A obra apresentada oferece caminhos metodológicos afinados a estes tempos de transição pedagógica, que estão em curso, quer os admitamos ou não, e onde práticas relacionais têm no discente a centralidade de seu foco. O grupo que nos oferece o fruto agridoce de seu labor no ambiente fértil da FGV DIREITO SP adota esse ponto de partida.

Loussia P. Musse Felix
Faculdade de Direito da Universidade de Brasília (UnB),
campus Universitário Darcy Ribeiro.

PREFÁCIO

Reflexão Jurídica e Métodos de Ensino

Simplificando ao extremo, considera-se "pós-moderna" a incredulidade em relação às metanarrativas. [...] À obsolescência do aparato metanarrativo de legitimação corresponde, sobretudo, a crise da filosofia metafísica e da instituição universitária que a tinha por base.

Jean-François Lyotard[1]

A falência das grandes narrativas, a que se refere Lyotard, parece estar na raiz do sentimento de inadequação, ou de "crise", que vem desestabilizando as formas de representação social que caracterizaram a Modernidade. Discursos há muito referenciais para a experiência cotidiana – o discurso da política, da religião, da ciência – se veem subitamente privados da autoridade de que antes se revestiam. Sobrevivendo ainda nas estruturas políticas e sociais a que deram origem, tais discursos, tais narrativas, defrontam-se agora com suas evidentes limitações quando confrontadas com o desafio de dar sentido às novas formas da experiência. A ampla literatura que vem desconstruindo, dia a dia, da estrutura familiar aos modos de organização do Estado, é testemunho do aparente esgotamento do discurso dito moderno.

---

[1] LYOTARD, Jean-François. *The Postmodern Condition*: A Report on Knowledge. Minnesota: University of Minnesota Press, 1984, p. xxiv-xxv (tradução do autor).

MÉTODOS DE ENSINO EM DIREITO

O Direito, como elemento central na organização das sociedades, não poderia ver-se a salvo deste amplo movimento de esfacelamento de antigas certezas. Estruturado a partir de elementos cuja solidez e sentido encontram-se agora constantemente questionados, o discurso jurídico encontra-se também em meio a um processo de redefinição de suas *matrizes básicas*. A tarefa de redimensionar a lógica que informa as relações jurídicas a partir da fluidez das novas estruturas implica, em última análise, a reconstrução do Direito como forma social e como objeto de ciência, e tem por corolário, conforme aponta Lyotard, a crise dos modos de configuração de seu espaço de ensino.

A reflexão teórico-acadêmica sobre o Direito vê-se hoje compelida a enfrentar as novas tensões a partir de novos paradigmas. Neste processo, a universidade, como espaço privilegiado de debate, não pode senão transformar-se. Dito de outra forma, à problematização de pressupostos basilares da lógica de configuração desse campo da ciência corresponde a problematização de suas estruturas acadêmicas de reflexão e debate. A transformação do Direito como *objeto* determina sua transformação como *objeto de investigação e de ensino* e convida a uma nova dinâmica para a construção de saberes dentro do espaço universitário.

Por outro lado, as profundas modificações do Direito como forma social acarretam mudanças que, transformando-os, ultrapassam os limites do acadêmico e se fazem sentir com intensidade no cotidiano das trocas sociais. Os modos de construir e compor conflitos, a dinâmica interna dos valores subjacentes às demandas ou as representações conflitantes do sentido das ações judiciais, por exemplo, indicam, em suas transformações, a emergência de um novo lugar para o jurídico como construção cultural. Decorre daí que tais solicitações redesenhem as expectativas em relação ao profissional do Direito, cuja atuação exige hoje proficiência em uma ampla gama de saberes não imediatamente atrelados a noções de formação jurídica mais tradicionais. Não apenas a formulação de estratégias para a solução de controvérsias, mas também o desenho de estruturas institucionais eficientes demanda competências que atravessam e aproximam conhecimentos os quais antes raramente pareciam comunicar-se dentro do espaço da formação em Direito.

Tal confluência entre a reconstrução do Direito como objeto e as novas dimensões que ele articula no âmbito da prática solicita, como se apontou acima, que se repensem os modos de preparar o futuro profis-

PREFÁCIO

sional do Direito dentro do espaço da universidade. E esse movimento já pode ser percebido no Brasil, como atesta a recente e sensível intensificação do debate sobre ensino jurídico no País. Superando a fase anterior, que diagnosticava uma realidade pouco alentadora, o discurso agora busca avançar em extensão e ganhar em densidade a partir das reflexões sobre as formas de repensar e superar os diversos obstáculos. A multiplicação de seminários, eventos e *workshops*, bem como o conjunto de publicações que gradativamente se adensa, apontam para a urgência com que se busca hoje debater as questões relacionadas à metodologia de ensino do Direito.

Tal movimento tem se consolidado a partir de um intercâmbio crescente não só entre instituições brasileiras, mas também com universidades de outros países, tanto latino-americanos como europeus e norte-americanos. A experiência dos projetos Bolonha e Tuning, por exemplo, vem sendo discutida entre nós já há alguns anos e dialoga com a proposta de debate que aqui se faz, assim como as experiências metodológicas norte-americanas, cuja longa tradição de reflexão sobre métodos de ensino pode ser percebida no diálogo levado a efeito por cada um dos capítulos deste livro.

Como não é incomum acontecer em áreas em que o debate se expande rapidamente, a própria celeridade com que se vai formando uma fortuna de textos nacionais e estrangeiros versando sobre o tema torna, por vezes, difícil a percepção de tendências mais amplas e de movimentos mais gerais. Essa expansão implica um risco particular: o de que a falta de uniformidade no entendimento ou na formulação de conceitos-chave determine incompreensões que arrisquem retardar debates de outro modo muito frutíferos.

É nesse sentido que o presente volume busca contribuir para o incremento da reflexão brasileira sobre o ensino do Direito, oferecendo uma apresentação sintética de alguns dos principais métodos de ensino jurídico atualmente em uso. Esse recorte é a razão de o diálogo, neste espaço, enfocar prioritariamente a experiência norte-americana, uma vez que a partir da (controvertida) experiência pioneira de Langdell – e, talvez, por causa dela – os Estados Unidos vêm sendo referencial para a construção desse tipo de reflexão. Desnecessário dizer que esse diálogo se dá a partir de uma leitura crítica dos diferentes métodos, leitura que procura mapear contornos, sopesar virtudes e limitações, indicar contradições e acertos.

Este volume procura servir, assim, como uma entre as referências conceituais para os debates. O objetivo de oferecer um estímulo ao debate a partir da delimitação de características básicas de alguns dos métodos mais em voga determinou, também, a forma de construção de cada capítulo. Os autores, conquanto aproximem-se criticamente de cada método, não pretendem discuti-lo de forma exaustiva, uma vez que a proposta comum é a de apresentar os métodos com clareza e brevidade, buscando, sobretudo, contribuir para a construção de um entendimento comum de alguns conceitos que vêm sendo utilizados com frequência sempre crescente.

A função desta obra é, assim, auxiliar na construção dos debates a partir da sistematização de conceitos. As escolhas feitas, os recortes realizados, as inclusões e exclusões que inevitavelmente estruturam textos dessa natureza visam oferecer uma oportunidade de reflexão crítica e não podem senão suscitar debates, discordâncias, reafirmações. O desejo da emergência de um tal debate e do aperfeiçoamento do ensino jurídico que ele enseja é a motivação central dos textos que seguem.

O aperfeiçoamento do ensino jurídico não será possível se não for uma empreitada coletiva. Cabe, assim, agradecer à direção da FGV DIREITO GV pelo incentivo à realização dessa obra, aos colegas pela qualidade do debate e aos alunos pela parceira permanente. De modo particular, gostaria de agradecer aos professores Flávia Portella Püschell e José Rodrigo Rodriguez pela generosa leitura dos textos, e aos jovens pesquisadores do Núcleo de Metodologia, cuja seriedade, talento e empenho são indícios seguros da vitalidade das novas reflexões sobre metodologia jurídica no País.

José Garcez Ghirardi

SUMÁRIO

1. Clínica de Direito
FLÁVIA SCABIN e THIAGO ACCA — 25

2. Debate
DANIEL MONTEIRO PEIXOTO — 45

3. Diálogo Socrático
LEONARDO ARQUIMIMO DE CARVALHO — 53

4. Método do Caso
LUCIANA DE OLIVEIRA RAMOS e VIVIAN CRISTINA SCHORSCHER — 69

5. *Problem-Based Learning* (PBL)
THOMAZ HENRIQUE JUNQUEIRA DE ANDRADE PEREIRA — 81

6. *Role-Play*
DANIELA MONTEIRO GABBAY e LÍGIA PAULA PIRES PINTO SICA — 91

7. Seminário
ANA MARA FRANÇA MACHADO e CATARINA HELENA
CORTADA BARBIERI — 103

1. Clínica de Direito

FLÁVIA SCABIN e THIAGO ACCA

1. Conceito

Duas circunstâncias principais tornam a busca por um conceito de Clínica de Direito uma tarefa difícil. A primeira diz respeito à utilização desse método de ensino em poucas faculdades de Direito do País e à ausência de qualquer tipo de discussão acadêmica sobre o tema no Brasil. A segunda diz respeito às características dos textos que se inserem no debate sobre clínicas. Conquanto haja uma vasta bibliografia, esta é construída pelo relato de experiências particulares, sem que dela possa se denotar um esforço de construção de um vocabulário comum acerca do significado da Clínica de Direito como método de ensino.[1] Desse modo, temos de lidar concomitantemente com uma dificuldade prática e outra teórica. Prática porque nosso texto, pelo menos no que concerne ao Brasil, desenvolve-se em um ambiente acadêmico jurídico onde não há experiência de clínica. Teórica porque não há bibliografia sobre clínica no Brasil, e os textos internacionais não se preocupam em conceituá-la, mas em descrever o seu funcionamento.

---

[1] Uma característica que se percebe nitidamente quando se estuda a bibliografia sobre clínicas é que não se desenvolve uma discussão sobre qual é o melhor conceito. Na maioria dos textos, simplesmente adota-se um conceito, sem maiores tentativas de explicá-lo ou definir o que seria propriamente esse método em termos teóricos.

MÉTODOS DE ENSINO EM DIREITO

A soma das duas circunstâncias apontadas torna a tarefa de conceituar Clínica de Direito ao mesmo tempo inovadora e arriscada. Inovadora ante a ausência de debate no Brasil, e arriscada porque teremos de formular um conceito não a partir de um debate já em andamento, mas com base em relatos de experiências concretas de clínicas. Assim, a descrição das clínicas baseada apenas em experiências particulares, as quais se desenvolvem não só em diferentes faculdades de Direito, mas também em realidades do ensino que podem ser muito peculiares, acabam por não conduzir à construção do significado do termo Clínica de Direito. Essa realidade faz com que, ao nos depararmos com o termo clínica, tenhamos muitas dúvidas a respeito do que exatamente ele pode significar (Barnhizer, 1980, p. 67; Vicens, 1991, p. 203).

Isso, no entanto, não faz da discussão conceitual uma proposta irrelevante ou sem sentido, já que é a partir do momento em que se determina o que é uma clínica que se poderá construir parâmetros para sua aplicação, desenvolvimento, avaliação, etc.[2] Não é por acaso que Vicens (1991, p. 208), por exemplo, critica a falta de um marco teórico para as clínicas na Universidade de Porto Rico. Segundo essa autora, apesar de haver um cenário ideal nessa universidade "para o desenvolvimento de um excelente programa de clínicas, não se aproveita ao máximo este potencial precisamente por não estar baseado em um marco conceitual claro e definido que determine suas metas educativas seguindo um esquema de prioridades e fixando pré-requisitos do que lhe é necessário" (Vicens, 1991, p. 208, tradução dos autores).

Nesse contexto, a nossa tarefa foi retirar das diferentes experiências traços comuns dessas narrações, que pudessem ser úteis para conceituar clínica, e de conseguir diferenciá-la de outros métodos de ensino jurídico.

Em linhas gerais, a Clínica de Direito consiste na proposta de solução de um conflito jurídico real a partir da representação de causas[3] ou

---

[2] Só é possível avaliar algo como bom ou ruim se se souber claramente o que se espera. No caso das clínicas, julgá-las dependerá dos objetivos traçados. Se, por exemplo, um dos objetivos da clínica for prestar serviços de assistência jurídica gratuita, a boa execução ou não dessa tarefa constituirá um dos parâmetros de sua avaliação.

[3] Ao tratarmos de causas, estaremos nos referindo a uma questão que se define pela sua relevância em relação ao interesse público, à carta de direitos, à democracia ou ao conteúdo de tratados internacionais, por exemplo, redução da pobreza, transparência, fim da tortura. Nesses casos não existe, necessariamente, a relação com um cliente, já que a questão

CLÍNICA DE DIREITO

clientes sob a supervisão de um professor. São quatro, portanto, para nós, as características que a identificam: (i) a abordagem de problemas jurídicos reais; (ii) a presença do cliente ou de uma causa; (iii) a supervisão de um professor; (iv) a proposição de uma solução real com efetiva possibilidade de intervenção por parte dos alunos.

O primeiro aspecto diz respeito ao "material de trabalho" da Clínica de Direito. Nas clínicas, os alunos lidam com casos reais, para os quais não há ainda uma solução ou, se existe, essa solução não é satisfatória do ponto de vista jurídico. Essa característica faz das clínicas o método que se desenvolve prioritariamente a partir da interação entre os alunos e a realidade que o circunda; o que significa ter que lidar com toda a complexidade que envolve um caso real e com a possibilidade do imprevisto.

O segundo aspecto traz para as clínicas um conteúdo de subjetividade, seja em relação à existência de um cliente com vontades, percepções particulares e sentimentos, seja em relação à identificação de valores relevantes dentre os diferentes valores envolvidos em determinada questão jurídica.

O terceiro aspecto refere-se à função do professor de clínica. A este se transfere a responsabilidade pela análise crítica do desempenho do estudante e a condução à reflexão sobre aspectos mais gerais do fenômeno jurídico (GONZALEZ, 1983, p. 113-114). Nesse processo, a ideia não é de que o professor forneça as respostas certas ou de que assuma as responsabilidades pelos alunos, mas que os auxilie a aprender com sua própria experiência. O papel primordial do professor de clínica é fazer com que o aluno aprenda com seus erros e acertos (BARNHIZER, 1980, p. 73), tentando construir junto com ele explicações que racionalizem a experiência, isto é, que os façam compreender os motivos pelos quais a interpretação foi adotada, a escolha processual, a forma como a entrevista com o cliente foi conduzida, se determinada estratégia foi adequada ou inadequada em dado contexto, etc.

Por fim, os alunos ditam a solução para o problema jurídico aventado e arcam com as consequências da solução proposta. Isso significa que não haverá uma resposta certa e outra errada, mas a escolha, entre

---

pode envolver diferentes interesses e impactar diferentes atores de maneira muito distinta. Isso não significa, porém, que a defesa da causa prescinda da preocupação com as vontades daqueles que estão envolvidos.

MÉTODOS DE ENSINO EM DIREITO

estratégias possíveis, da que é mais justa, mais eficiente, que melhor incorpora os interesses do cliente, etc. Nessa escolha, o aluno se dá conta de que a solução gera consequências positivas ou negativas para pessoas físicas ou jurídicas. Em certos casos a procedência ou não de uma ação, uma orientação jurídica realizada a contento após consulta de um cliente, pode impactar decisivamente a vida de alguém. Portanto, nas clínicas a responsabilidade de levar a cabo uma proposta de solução é muito mais delicada do que em uma prova dissertativa, por exemplo. Toda essa complexidade exigirá do aluno um grande esforço, na medida em que terá de colocar em prática diversas habilidades (entrevistar clientes, redigir peças jurídicas, organizar informações, etc.).

2. O que não é uma Clínica de Direito

Em regra, durante o curso de Direito no Brasil, o contato mais próximo que o aluno pode ter com a prática jurídica resume-se a duas possibilidades: (a) o estágio em escritórios de advocacia, no Judiciário, no Ministério Público, etc.; ou (b) os programas de assistência jurídica gratuita, que não recebem necessariamente apoio da faculdade.

Tanto no primeiro como no segundo caso, os estudantes de Direito trabalham com casos reais e já desempenham algumas tarefas próprias da advocacia. Será que isso basta para que essas duas possibilidades de experienciar o Direito possam ser consideradas como clínica?[4]

Não há uma resposta pré-determinada a essa questão. Decidir se o programa de estágio pode ser enquadrado como clínica dependerá de como este foi formulado e de como é desenvolvido. O fato de não haver um debate teórico, ou mesmo relatos de experiências ocorridas em faculdades de Direito, sobre o estágio jurídico como processo de aprendizagem no Brasil, dificulta essa análise e nos impossibilita de fazer mais do que apontar algumas ideias gerais sobre a questão.

Como método de ensino, a Clínica de Direito está inserida essencialmente em uma preocupação pedagógica. Embora exista regulamentação federal condicionando à experiência prática a formação do

---

[4] Há quem admita que o estágio em escritórios pode ser considerado como um tipo de clínica. Para Anderson e Catz (1982, p. 734-736), um dos modelos de clínica possíveis é o estágio em escritório de advocacia com a atribuição de créditos por parte da faculdade.

CLÍNICA DE DIREITO

estudante,[5] na prática, a fiscalização acerca das atividades do estágio pelas instituições educacionais é bastante incipiente, quando não inexistente.

Além disso, os escritórios de advocacia e, muitas vezes, os programas voltados à assistência jurídica gratuita, não contam com a estrutura pedagógica para auxiliar o aluno em seu processo de aprendizagem. Isso ocorre primeiro porque não se dispõe de um ambiente propício para o desenvolvimento de atividades voltadas propriamente ao ensino, e também porque os advogados, juízes, promotores, etc., em seus escritórios, suas varas, seus gabinetes, suas promotorias, devem desempenhar sua função de advogados, juízes e promotores, e isso não inclui a função do ensino.[6,7]

---

[5] De acordo com a Lei do Estágio, "§ 2º o estágio somente poderá verificar-se em unidades que tenham condições de proporcionar experiência prática na linha de formação do estagiário, devendo o aluno estar em condições de realizar o estágio; § 3º os estágios devem propiciar a complementação do ensino e aprendizagem e ser planejados, executados, acompanhados e avaliados em conformidade com os currículos, programas e calendários escolares" (art. 1º da Lei n. 6.949 de 1977). A Nova Lei do Estágio, que aguarda sanção presidencial, é ainda mais cuidadosa em relação à complementaridade do estágio ao ensino ao prever no seu art. 1º que "estágio é ato educativo escolar supervisionado, desenvolvido ao ambiente de trabalho, que visa à preparação para o trabalho produtivo de educandos que estejam frequentando o ensino regular, em instituições de educação superior, de educação profissional, de ensino médio, da educação especial e dos anos finais do ensino fundamental, na modalidade profissional da educação de jovens e adultos. § 1º O estágio faz parte do projeto pedagógico do curso, além de integrar o itinerário formativo do educando. § 2º O estágio visa ao aprendizado de competências próprias da atividade profissional e à contextualização curricular, objetivando o desenvolvimento do educando para a vida cidadã e para o trabalho" (Projeto de lei n. 2.419/2007).

[6] Uma questão importante a ser posta é se o advogado, o juiz, o promotor, enfim, o supervisor das atividades do estagiário deve ser capaz de auxiliá-lo tal qual um professor. Talvez o maior problema não seja o estágio em si mesmo, mas, sim, o que se espera dele. Ao ingressar, por exemplo, em um escritório de advocacia, o estagiário frequenta um ambiente essencialmente profissional, e não educacional. Como então querer que seu supervisor se preocupe com o aprendizado do estagiário?

[7] Stuckey relata uma interessante experiência de um aluno romeno sobre sua visão acerca do estágio que pode nos dar uma ideia dos graves problemas que o estágio em instituições fora da faculdade pode trazer: "De todo o tempo que estive aqui não tenho feito nada de útil, nem aprendido muito. Eu sento e escuto as discussões da corte e escrevo decisões judiciais para alguns juízes. Talvez isso possa parecer alguma coisa, mas a maior parte do tempo eu passo olhando pela janela e me perguntando se estar aqui é uma boa ideia. Não me permitem usar a minúscula biblioteca que nós temos no prédio, porque se ninguém mais vai lá,

MÉTODOS DE ENSINO EM DIREITO

Sobre o ambiente de certos estágios, Stuckey afirma que objetivos pedagógicos podem não ser alcançados, ainda mais quando "os estudantes nesses ambientes geralmente têm de aprender como praticar o Direito por tentativa e erro, sem qualquer referência clara ou padrão mínimo de qualidade a guiá-los. Quando a primeira exposição do aluno à prática jurídica é desestruturada, isso pode redundar em desperdício de tempo e dinheiro por parte do estudante, pode não produzir um aprendizado significativo e, talvez, até mesmo acabe com a motivação do estudante em tornar-se um bom advogado ou juiz" (STUCKEY, 2002, p. 672, tradução dos autores).

3. Teoria e Prática

Se é consenso que uma das principais metas do ensino jurídico consiste em preparar os estudantes para a prática do direito (STUCKEY *et al.*, 2007, *passim*), o dever das faculdades de Direito em ensinar as habilidades necessárias para o exercício da advocacia e não deixar essa tarefa a cargo do mercado de trabalho não é consenso;[8] tampouco o é a relação entre a qualidade da educação jurídica e a qualidade da prática da advocacia. Em que medida a educação jurídica é responsável pela formação do bom advogado? Quem deve ser responsabilizado pelas falhas do advogado?

Nesse sentido, um passo importante foi dado com a publicação, em 1992, do *MacCrate Report*, formalmente denominado "Legal Education and Professional Development – An Education Continuum, Report

---

por que eu deveria ir? Minha supervisora diz isso. Minha supervisora é uma mulher de 32 anos [...] ela não tem interesse em nada além de seu trabalho. Por exemplo, ela leva 5 minutos para ler o jornal, e ri contando a outras pessoas que eu preciso de ao menos 20 minutos! Ela se pergunta o que há para ler além do tempo, horóscopo, e notícias sobre questões jurisprudenciais! Eu não estou exagerando, ao contrário, se eu fosse contar a você tudo certamente acharia que estou mentindo" (STUCKEY, 2002, p. 674, tradução dos autores). O ponto aqui não é afirmar que as práticas educacionais dentro das faculdades de Direito são perfeitas enquanto fora da faculdade não o são. A questão que queremos salientar diz respeito ao lugar mais adequado para o processo de aprendizagem do aluno. Se esse processo é ruim dentro de uma faculdade, deve-se melhorá-lo, pois o papel de uma faculdade é ensinar aos alunos. No entanto, se em um escritório isso não é bem-feito, parece que não temos muito o que criticar, pois realmente não lhe cabe tal empreitada.

[8] Para Grossman, por exemplo, as faculdades de Direito não devem se preocupar com a prática da advocacia (GROSSMAN, 1974, p. 171, 189-190).

of The Task Force on Law Schools and the Profession: Narrowing the Gap", como resultado do trabalho da Força-Tarefa sobre as faculdades de Direito e o desenvolvimento profissional da *American Bar Association*, associação de advogados dos Estados Unidos. De acordo com o relatório, o processo de aprendizado das habilidades necessárias à prática da advocacia deve ser contínuo, começando antes mesmo da faculdade de Direito, intensificando-se na graduação e estendendo-se por toda a carreira do advogado.

A profissão jurídica e o ensino do Direito estão dinamicamente relacionados um ao outro. Essa questão é explorada por Wizner no artigo "What is a Law School", de 1989, em que ele observa que "os advogados são produtos das faculdades de Direito [...]; o que nós deixamos de inculcar em nossos estudantes de Direito nós encontraremos faltando em nossos advogados" (WIZNER, 1989, p. 108).

No mesmo sentido, para Stuckey, "as faculdades de Direito desempenham um papel importante em assegurar que os estudantes, durante seus anos na universidade, obtenham as habilidades necessárias para tornarem-se competentes em suas atividades profissionais e capazes de manter os ideais da profissão jurídica. Para que o sistema de ensino jurídico fosse bem-sucedido em seus esforços de prover advogados profissionais e competentes, ele deveria ser capaz de fornecer conhecimento, habilidades e valores para capacitar advogados a estarem preparados para a prática jurídica e para se incumbirem de sua responsabilidade de resolver os problemas do cliente" (STUCKEY *et al.*, 2007, p. 656, tradução dos autores).

Tradicionalmente, porém, o ensino jurídico nas faculdades de Direito assume a responsabilidade do ensino dos conteúdos das leis e da jurisprudência – da teoria do Direito –, deixando que as habilidades práticas para a advocacia sejam aprendidas com a própria prática da advocacia.

Ao pautar o ensino por experiências educacionais desconectadas, que artificialmente separam instruções sobre a teoria da prática, o ensino do Direito falha na tarefa da manutenção do que Robert MacCrate denominou "*continuum* da educação jurídica", e não provê aos estudantes de Direito as habilidades concernentes à prática da advocacia.

A separação entre teoria e prática nesses termos acarreta um distanciamento do Direito em relação à realidade que o envolve. Em avaliações

MÉTODOS DE ENSINO EM DIREITO

realizadas pelo Conselho Nacional de Pesquisa (CNPq) nos anos de 1978 e 1981, cuja relatoria ficou a cargo, respectivamente, de Aurélio Wander Bastos e Joaquim de Arruda Falcão Neto, constatou-se que as faculdades de Direito no Brasil não são capazes de propiciar aos seus alunos instrumentos adequados para a compreensão da sociedade em que vivem e, portanto, aplicar adequadamente o Direito. Assim, as faculdades de Direito não formam profissionais competentes para o mercado.

O ensino do Direito calcado excessivamente em abstrações (conceitos, leis gerais, etc.) leva "não só a um progressivo distanciamento da realidade, mas, igualmente, ao seu próprio abastardamento sob a forma de uma vulgata positivista ingênua e reducionista [...] ao reduzir o Direito a um simples sistema de normas, o qual se limita a dar sentido jurídico aos fatos sociais à medida que estes são enquadrados no esquema normativo vigente, esta concepção torna desnecessário o questionamento dos dogmas. Ou seja, despreza a discussão relativa à função social das leis e dos códigos, valorizando exclusivamente seus aspectos técnicos e procedimentais [...]" (FARIA, 1987, p. 28-29).

A inclusão das clínicas no currículo das faculdades de Direito estadunidenses – pioneiras na implementação desse método – deve-se, principalmente, à constatação desse distanciamento entre teoria e prática e à potencialidade desse método em tentar aproximar o Direito aprendido em sala de aula e sua aplicação, o conhecimento das leis e a resolução de problemas jurídicos reais. Esse ponto será desenvolvido no item seguinte.

4. Objetivos da Clínica de Direito

Nos anos 1930, o ensino do Direito das faculdades estadunidenses recebeu diferentes críticas. Para Frank, a falibilidade do sistema devia-se principalmente ao fato de o direito substantivo estar separado do direito processual e a teoria da prática. Em crítica direta a Langdell, com referência expressa aos *casebooks* que preenchiam grande parte das bibliotecas das faculdades de Direito (ver "Método do Caso"), esse autor estava convencido de que o aprendizado do Direito não se circunscreve somente a compreender os argumentos de uma infinidade de julgados. Frank defendia que as decisões jurídicas e todo o procedimento de resolução de conflitos não dependem exclusivamente de uma aplicação lógica do ordenamento jurídico. Para aprender o Direito

CLÍNICA DE DIREITO

é necessário muito mais que isso.[9] O aluno precisa ter em mente que o conhecimento dos textos jurídicos, seja das normas ou de precedentes jurisprudenciais, é uma pequena parte de tudo aquilo que deve saber, pois esse instrumental não é suficiente para lidar com a realidade. Há situações importantes a serem percebidas para a resolução de um caso que não estão necessariamente relacionadas com as normas do Direito: (a) uma série de outros fatores podem influenciar a decisão de um juiz (emocionais, pré-julgamentos, etc.); (b) o aluno precisa se dar conta de que uma boa orientação jurídica depende de sua relação com o cliente; (c) os jurados não condenam ou absolvem baseados apenas em fatores racionais (FRANK, 1933, p. 919). Adquirir conhecimentos acerca do ordenamento jurídico é pouco para a compreensão da complexidade dessa realidade e de como agir juridicamente diante dela.

Além disso, conceber o ensino do Direito como um conjunto de conhecimentos que se transmitem como verdades inalteráveis faz com que educadores e aprendizes se convertam em um conjunto de funcionários burocráticos que dificilmente desenvolvem um bom juízo para empregar o Direito, o que requer – mais do que o conhecimento do conteúdo das normas – o desenvolvimento da personalidade (KRONMAN, 1999, p. 232).

A partir das críticas feitas por Frank em relação ao Método do Caso, John Bradway estabelece que os primeiros propósitos das clínicas são preencher o vazio existente entre a teoria das faculdades de Direito e a prática da profissão e sintetizar o direito substantivo e o processual. Além disso, segundo esse autor, as clínicas viriam complementar o Método do Caso (i) ao introduzir o elemento humano no estudo e na prática do Direito; (ii) introduzir as lições de advocacia que não estão escritas; (iii) ensinar o estudante de Direito a pensar os assuntos jurídicos desde o início de seu desenvolvimento, em vez de esperar a decisão de um tribunal de apelação (BRADWAY, 1933, p. 469).

Enquanto nos EUA a proposta de ensino por clínicas surge com a percepção de que o Método do Caso não pode dar conta de todo o aprendizado jurídico, na América Latina a proposta de ensino por meio

---

[9] Frank assinala como habilidades principais do advogado (i) a capacidade de "adivinhar" as decisões dos tribunais e (ii) de como persuadi-los em decidir a favor de seus clientes (FRANK, 1933, p. 911).

MÉTODOS DE ENSINO EM DIREITO

das clínicas surge em grande medida como resposta à crítica a um modelo de educação jurídica – que ainda é o modelo hegemônico da maioria de suas faculdades de Direito –, em que predomina a memorização do conteúdo de normas e comentários doutrinários (COURTIS, 2007, p. 10). Trata-se de um modelo hierárquico, em que o papel do estudante se restringe ao de um receptor passivo dos conteúdos eleitos pelo professor: os professores repetem e explicam o conteúdo das normas jurídicas, e os alunos devem repetir o que disse o professor nas avaliações (BOHMER, 1999, p. 16).

Como forma de condução de aula, o formalismo jurídico não capacita o estudante para a prática em ambiente de grande complexidade e de crescente diversidade, que caracteriza a advocacia e que torna necessário que o estudante desenvolva as capacidades de análise e argumentação, assim como a versatilidade e a capacidade de adaptação (GONZÁLEZ, 1999, p. 39). Isso porque esse modo de pensar o ensino do Direito deixa de fora das aulas "[...] o que constitui um dos principais materiais de trabalho do advogado: o tratamento dos fatos do caso" (ABRAMOVICH, 1999, p. 70, tradução dos autores).

É evidente que o exercício da advocacia requer a capacidade de retenção de informações. O que aqui se discute é o peso relativo que a memorização deve possuir em relação a outras habilidades que também são requeridas para a prática da advocacia, tais como a comunicação, a argumentação, etc.

Nesse sentido, o que o estudante deve aprender atuando na representação de clientes ou causas reais no interior das *Clínicas de Direito* abrange potencialmente tudo o que é necessário para que este venha a se tornar um bom advogado (STUCKEY *et al.*, 2007, p. 189).

No manejo dos casos jurídicos, os alunos pesquisam, entrevistam, aconselham, negociam, redigem pareceres ou peças processuais. Ao receber o caso real, a primeira tarefa do aluno será a de concebê-lo no contexto do Direito, o que significa que terá de elaborar uma espécie de teoria do caso (COURTIS, 2007, p. 13). Ele terá de ser capaz de, a partir dos fatos, do direito material, da jurisprudência, do direito processual, etc., construir um caminho a ser seguido que seja o mais adequado diante das circunstâncias. O trato com o cliente (COURTIS, 2007, p. 13) é fundamental. Não só pelo fato de o aluno ter de obter informações do caso de um leigo, mas também porque terá de saber explicar as

CLÍNICA DE DIREITO

alternativas a serem adotadas. Se o aluno não conseguir estabelecer uma comunicação com seu cliente, terá dificuldades em defender o caso. Além disso, o aluno terá de exercitar a prática de escrever peças, preocupar-se com prazos, entender o funcionamento do Judiciário, etc. Portanto, um dos objetivos da clínica é habilitar o aluno a conseguir identificar o problema diante de um conjunto de fatos, avaliar as possibilidades de ação (analisando até mesmo se a propositura da ação judicial é o melhor caminho a ser seguido, tendo em vista custos, prazo provável de solução definitiva do caso, etc.), e, por fim, adotar efetivamente uma opção dentre as imaginadas inicialmente.

Além do aprendizado das habilidades concernentes à prática da advocacia, outros objetivos educacionais são atribuídos às Clínicas de Direito. De acordo com relatório elaborado pela Associação de Escolas de Direito Americanas, nove são as metas que podem ser atingidas pelas Clínicas de Direito: (i) desenvolver métodos de análise para enfrentar situações não estruturadas; (ii) ensinar as habilidades do advogado, tais como entrevistar, assessorar e investigar fatos; (iii) ensinar como aprender com a experiência; (iv) ensinar a ética profissional; (v) expor os estudantes às exigências e aos procedimentos que circunscrevem a tarefa do advogado; (vi) dar oportunidades para a cooperação; (vii) comunicar a obrigação do advogado de atender aos clientes e refletir sobre o impacto do sistema jurídico nas pessoas menos favorecidas economicamente; (viii) dar oportunidades para examinar o impacto da doutrina na vida real e ter um laboratório em que os estudantes possam se dedicar a áreas específicas do Direito; (ix) criticar as capacidades e limitações dos advogados e do sistema jurídico (*Report of the Committee on the Future In-House Clinic*, 1992, p. 508-511).

Mais do que treinar o estudante para o exercício da advocacia, o Relatório do Conselho sobre o Futuro das Clínicas de Direito vislumbra as clínicas como o lócus necessário para que o estudante seja estimulado à análise crítica da doutrina, da própria advocacia, do sistema jurídico e ao exercício dos valores da profissão, isto é, da responsabilidade ética perante o cliente e perante a profissão. Nesse sentido, o propósito das clínicas consiste em ensinar aos estudantes não só a se tornarem advogados, mas a se tornarem advogados reflexivos, o que só é possível com o exercício do aprendizado pela experiência (ABRAMOVICH, 1999, p. 80).

MÉTODOS DE ENSINO EM DIREITO

Nessa proposta – de formar o advogado reflexivo –, contempla-se preparar o aluno para lidar com a complexidade do real, o que inclui também a necessidade de oferecer uma resposta dinâmica às novas e futuras demandas em relação à profissão. Nesse sentido, a Clínica de Direito foi proposta por Frank, já nos anos 1930, como resposta à exigência do mercado e da sociedade estadunidense por um novo perfil do advogado. Segundo esse autor, a própria alteração na visão das funções do advogado ao complexificar suas tarefas exige a elaboração de novos métodos que deem conta do papel do advogado nesse novo contexto. Se antes o advogado era visto como o profissional que figura apenas na solução de litígios já instaurados perante o sistema judiciário, passara-se a este atribuir também os papéis preventivos, no sentido de determinar os custos jurídicos de determinada decisão ou política, calcular as chances de a decisão judicial dar-se em determinado sentido e induzir a corte a determinada interpretação (FRANK, 1933, p. 911-912).

É importante para o aluno saber como lidar com novas situações. As situações apresentadas pelo cliente não estão estruturadas. Quando o cliente conta uma história, esta não está rotulada, isto é, não se sabe quais são as regras jurídicas que ali se aplicam, quais são os fatos realmente relevantes, etc. Por isso, é importante que o aluno aprenda a desenvolver métodos de análise para enfrentar situações não estruturadas.

Além das metas comprometidas com o ensino do Direito, também se atribui às *Clínicas de Direito* a provisão de serviços jurídicos à comunidade. Nesse sentido, as clínicas se inserem em um contexto mais amplo de reforma social. Esse objetivo é patente, por exemplo, nas Clínicas de Direito nos EUA da década de 1960,[10] e bastante relevante em clínicas de diversos países, como em Porto Rico (Vicens, 1991, 199-200) e na Polônia (SKRODZKA, CHIA e BRUCE-JONES, 2008, p. 59-60). De maneira geral, embora muitas clínicas tentem conciliar as duas missões, a de educar e a de prover serviços jurídicos à comunidade, muitas vezes se requer que uma ceda face à outra.[11]

---

[10] Cf. MUNGER (1980, p. 718).

[11] Para nós, nenhuma das missões é mais ou menos relevante que a outra. No entanto, no contexto de um livro sobre metodologia de ensino, achamos apropriado focar nossa atenção na primeira missão.

5. Como Funcionam as Clínicas de Direito?

O conceito de clínica exposto no início deste texto pretende identificá-la como um método de ensino específico. Isso não significa que todas as clínicas funcionem exatamente da mesma maneira. Há uma série de circunstâncias, para além dos quatro pontos apresentados em seu conceito, que devem ser consideradas para o funcionamento de uma clínica. Nesse sentido, alguns fatores serão determinantes para a sua formatação: (i) o grau e o tipo de apoio dado à Clínica de Direito pelo corpo administrativo da faculdade de Direito; (ii) as políticas estatais sobre educação, que podem ou não exigir o aprendizado pela prática durante a graduação; (iii) as ferramentas jurídicas disponíveis pelas normas e estrutura judicial; (iv) as normas da associação de advogados, que podem ou não autorizar a representação de determinados clientes e que podem impor limites a essa representação; (v) as necessidades da comunidade onde a clínica se insere; (vi) os tipos de casos a serem aceitos pela clínica (tributário, civil, societário, direitos humanos, etc.); (vii) a complexidade dos casos trabalhados.[12]

Uma Clínica de Direito pode ainda existir dentro de uma faculdade de Direito, aproveitando-se da estrutura da universidade (*University-based Clinic*), ou no âmbito de uma organização não governamental, parceira da faculdade (*Community-based Clinic*). No primeiro caso, a instrução será desempenhada por um professor da escola. No segundo caso, essa tarefa será de um advogado comprometido em responder pelo potencial de aprendizado de cada uma das atividades que serão desempenhadas pelos alunos de uma ou mais faculdades de Direito. A diferença desse tipo de clínica em relação aos estágios jurídicos no Brasil consiste em que o aluno desempenhará sua atividade por meio de uma relação estreita com a faculdade, a qual se resguarda o papel de fiscalizar o aprendizado. Em um ou outro caso, as Clínicas de Direito poderão ou não contabilizar créditos acadêmicos, poderão ser atividade obrigatória ou facultativa.

Uma clínica pode ter como objeto a representação de cliente específico, ao qual se reportará durante todo o período letivo; pode representar a todos os clientes de baixa renda que vêm até ela com problemas jurídicos diversos, como é o caso da assistência jurídica gratuita, cujo

---

[12] Para uma discussão mais pormenorizada sobre vantagens e desvantagens na utilização de *hard cases* em uma Clínica de Direito, ver Paul Reingold (1996, *passim*).

MÉTODOS DE ENSINO EM DIREITO

objetivo é promover a representação de clientes que não poderiam contratar advogados, ou a defesa de uma causa, por exemplo, advogar pela redução da tortura no sistema prisional – que, embora prescinda da ideia de um cliente específico, não significa deixar de perseguir os interesses das pessoas envolvidas com a questão.

6. Vantagens e Desvantagens

Todo método de ensino apresenta aspectos positivos e negativos. Não existe método que prepare o estudante de modo completo. Mesmo porque, o que se entende por "completo" dependerá de opções políticas, pedagógicas e ideológicas da própria faculdade. Qual o perfil de aluno que ela deseja ver formado após cinco anos de curso? Conquanto diversos objetivos sejam legítimos, e não se excluam necessariamente, os métodos serão mais ou menos apropriados dependendo das habilidades e dos conhecimentos esperados dos alunos no final do curso de Direito. A faculdade pode, ainda, entender que determinadas habilidades voltadas para a prática da advocacia não devem ser adquiridas durante um curso de Direito, mas durante a vida profissional do bacharel, por exemplo. Um entendimento como esse poderia conscientemente excluir o uso do método de clínica em uma faculdade de Direito. Em outras palavras, alguns métodos podem até mesmo não ser adotados, por não estarem de acordo com as premissas pedagógicas da instituição de ensino. As críticas às clínicas assinaladas a seguir ganharão maior ou menor peso dependendo justamente do projeto pedagógico geral da faculdade de Direito na qual se inserem.

Em primeiro lugar, assinalemos a dificuldade em lidar com o problema dos calendários judicial e acadêmico. Essa primeira crítica diz respeito a uma possível incompatibilidade entre o desenrolar do caso e o calendário acadêmico (GROSSMAN, 1974, p. 182). As clínicas, normalmente, duram um semestre ou um ano; contudo, um processo judicial pode levar muitos anos. Os casos reais não se amoldam às clínicas; é o inverso que deve ocorrer. Dessa forma, como compatibilizar o tempo da clínica com o tempo do processo? Quando o estudante não tiver disponibilidade de agenda, quem deve dar continuidade ao caso? Ou o estudante está vinculado a determinado caso até o seu desfecho mesmo que isso ocorra anos depois de sua colação de grau? Se os alunos não conseguem, por motivos temporais, lidar com os casos do começo ao fim, seu

CLÍNICA DE DIREITO

aprendizado fica prejudicado, pois só conseguirão exercer seu papel até determinada parte do desenrolar da ação. Por exemplo, se o aluno entrevista o cliente e, em razão da incompatibilidade de calendário entre a clínica e o cliente, não consegue propor uma petição inicial, elaborar recursos, etc., o ensino da prática pode ficar limitado. Esses pontos devem ser pensados com vagar para o bom desenvolvimento da clínica.

Em segundo lugar, deve-se considerar o alto custo das clínicas (COURTIS, 2007, p. 14; GROSSMAN, 1974, p. 182; MUNGER, 1980, p. 721; VICENS, 1991, p. 202). O supervisor exerce a função de auxiliar os alunos na aquisição de determinadas habilidades práticas, tais como (i) condução de uma entrevista; (ii) maneira de aconselhar os clientes; (iii) condução de uma negociação; (iv) tomada de decisão eticamente correta na representação do cliente ou de uma causa. Para que atinja todas essas metas, é importante que a relação entre professor e aluno seja bastante próxima, o que significa que o número de estudantes da clínica terá de ser reduzido (GROSSMAN, 1974, p. 182). Esse fator pode encarecer as clínicas em relação a outros métodos de ensino, como a aula expositiva, que pode ser viabilizada em uma sala com vários alunos (cem, cento e cinquenta, duzentos alunos) e um único professor. Outro fator que pode encarecer a clínica é a necessidade de um espaço físico diferente da sala de aula para atender os clientes e desenvolver o trabalho por parte dos alunos. Os alunos precisam de uma estrutura física adequada aos seus afazeres. A sala de aula dificilmente poderá ser usada para os fins da clínica. Há, por exemplo, a necessidade de armários para guardar documentos (cópias de processo, petições, etc.), além de impressoras e todo o tipo de material de escritório.

Em terceiro lugar, observa-se que o trabalho dentro de uma Clínica de Direito será contraproducente se os estudantes não tiverem uma base teórica suficiente para lidar com os casos (GROSSMAN, 1974, p. 181). A ideia aqui é de que de nada adianta trabalhar com o aluno um caso real em toda a sua complexidade se ele não possuir o mínimo de conhecimento para resolver o problema jurídico que lhe foi apresentado. Por isso, o programa de clínica deve estar inserido no projeto pedagógico da faculdade. Não se pode pensar em clínicas sem um diálogo com as disciplinas ministradas no curso de Direito como um todo.[13]

---

[13] Nos EUA, as clínicas, segundo Munger (1980, p. 719 ss.), padecem do mal do isolamento. Alguns docentes, e muitas vezes a própria faculdade, não veem as clínicas com bons olhos

MÉTODOS DE ENSINO EM DIREITO

Aqueles que acreditam que aprender a ser advogado é tarefa do mercado dizem que a Clínica de Direito não tem valor acadêmico (GROSSMAN, 1974, p. 189; VICENS, 1991, p. 202), já que sua função é meramente ensinar habilidades práticas que não fazem parte da formação de um estudante de Direito.

Há ainda uma crítica que diz respeito apenas às clínicas voltadas à assistência judiciária gratuita. Uma clínica preocupada em propiciar assistência jurídica aos mais pobres muito provavelmente não terá como objeto todos os tipos de problema jurídico (STONE, 1972, p. 430). O perfil do cliente desse tipo de clínica geralmente apresenta problemas relacionados ao direito de família e ao direito penal, portanto, dificilmente o aluno terá de lidar, por exemplo, com questões de direito concorrencial, falência ou direito internacional. Se as clínicas se propõem a apresentar a realidade ao estudante, pelo menos para as clínicas de assistência jurídica, ela será muito parcial.

Todas essas críticas devem ser levadas em consideração, porque não só ajudam a entender melhor os limites de uma clínica como também apontam as preocupações que se deve ter em vista para a adoção dessa metodologia no âmbito de uma faculdade de Direito.

Por sua vez, a grande vantagem da Clínica de Direito é que ela propicia ao aluno uma experiência com casos reais (com toda a sua complexidade e imprevisibilidade)[14] dentro de um ambiente em que existe a preocupação com o aprendizado do aluno. Para o estudante de Direito, a clínica consiste na possibilidade de aprender sobre a aplicação do Direito, sobre a sua prática e reflexão.

A clínica desnuda o fato de que a resolução de um problema jurídico não se circunscreve apenas a saber regras jurídicas, jurisprudência, doutrina, etc., e que tampouco é suficiente, além desse arcabouço, conhecer em detalhes os fatos. Não é suficiente saber fatos e Direito para a resolução dos casos (MUNGER, 1980, p. 726). Por isso é importante que, a partir de um problema jurídico concreto, o estudante de Direito seja estimulado a desenvolver as habilidades relacionadas à solução do

---

ou mesmo entendem-nas como um método menos relevante por não trabalhar, de acordo com essa linha, com atividades propriamente intelectuais, mas somente práticas.
[14] Não é por acaso que Bradway afirma que o aspecto mais interessante dentro de uma clínica é o estudante encontrar o inesperado (1934-1938, p. 408).

CLÍNICA DE DIREITO

problema (*problem solving skills*), identificando os fatos relevantes para a questão, traçando um plano de ação, entre diferentes estratégias jurídicas disponíveis.

Nesse contexto, os estudantes de Direito aprenderão a escutar e se comunicar efetivamente com clientes, testemunhas, adversários, promotores, juízes e outros atores do processo jurídico. Além disso, treinarão suas habilidades de realizar pesquisa jurídicas, escrever peças e pareceres, de formular teses, desenvolvendo um pensamento jurídico crítico e uma compreensão jurídica contextualizada.

O aluno precisa aprender a trabalhar com os fatos brutos recebidos. Nesse sentido, Anderson e Catz afirmam que o cliente apresenta um problema, relata fatos que não estão pré-editados, questões que não estão formuladas (1982, p. 789). Cabe ao jurista trabalhar sobre os fatos e o Direito para atender da melhor forma possível os objetivos de seu cliente. Ademais, o aluno precisa aprender a retirar o máximo de informações úteis possível de seu cliente para tomar decisões a respeito do melhor caminho a ser seguido (MUNGER, 1980, p. 723).

A clínica propicia a inserção do aluno em relações humanas reais, ou seja, o aluno é colocado diante de pessoas reais, que têm emoções, como ansiedade, inveja, raiva. É preciso aprender a lidar com elas tendo em vista a mais adequada resolução do caso. A não compreensão do universo social, cultural do cliente pode prejudicar a resolução do caso, pois não há apenas uma questão jurídica envolvida, mas também sentimentos (STONE, 1972, p. 432).

O aprendizado pela experiência é primordial nas Clínicas de Direito. A existência de uma causa real ou de um cliente real introduz complexidade e incerteza ao ensino jurídico. Diante desse novo cenário, o estudante de Direito também é responsável pela manutenção, ou não, do plano de ação previamente traçado face ao surgimento de contingências. Nesse processo, o conteúdo das leis, da jurisprudência e teorias são importantes, principalmente na elaboração do plano de ação, não apenas como aquisição, apreensão de conhecimento, mas como aplicação. Os conteúdos serão explorados de maneira crítica e apropriada a partir de um contexto social específico, como ocorrerá com todos os casos e clientes que ele representará na prática da advocacia. O aluno aprenderá a aplicar o arcabouço teórico, legal e jurisprudencial de modo inter-relacionado para a resolução do problema que lhe foi apresentado.

MÉTODOS DE ENSINO EM DIREITO

Entretanto, o estudante não é um simples receptor de conhecimento transmitido pelo professor; pelo contrário, sem a sua atuação, simplesmente não há clínica. Mais do que ouvir, o estudante de clínica deve fazer. E no desenvolvimento desse trabalho, terá de lidar com sua insegurança, raiva, competitividade perante o cliente ou colegas de trabalho.

A existência de uma estrutura voltada para o aprendizado permitirá que outros métodos de ensino possam ser aproveitados no interior da clínica, como efetivamente acontecerá quando o aluno for motivado a realizar a análise de um caso judicial ou a pesquisa da jurisprudência como meio de desenvolver um melhor raciocínio jurídico, ou participar de uma simulação como meio de refletir sobre a decisão que melhor represente o seu cliente.

Além disso, o componente sala de aula criará a oportunidade de consulta com o supervisor da clínica. Embora essa possibilidade possa ser vista como um componente fantasioso das clínicas (porque na vida real o advogado não poderá sempre consultar um professor sobre a retidão ou não de sua conduta), que a coloca em desvantagem em relação aos estágios profissionais, que podem ser realizados pelos estudantes no curso da faculdade, é o componente sala de aula que permite a realização do *feedback*, que é essencial para o processo de aprendizado: antes ou depois de tomada determinada decisão, o aluno é levado pelo professor a refletir sobre os custos de sua ação e de seu raciocínio, e com isso aprende a "aprender pela experiência".

Conclusão

O objetivo primordial deste trabalho foi oferecer uma conceituação de Clínica de Direito e mostrar suas possibilidades e limites como método de ensino. Para tanto, desde o princípio pretendeu-se formular um conceito claro de clínica, bem como diferenciá-la dos estágios, experiências práticas muito comuns no Brasil.

As clínicas surgem dentro de um debate mais amplo sobre as relações entre teoria e prática. Ao se perceber que há um distanciamento prejudicial aos alunos entre a teoria e a prática do Direito, buscam-se novas alternativas metodológicas a fim de estreitar os laços entre uma dimensão e outra. As clínicas são vistas como alternativa, por isso seus objetivos tocam sempre na questão de inserir o aluno no mundo, na aplicação real do Direito com seus imprevistos e suas dificuldades cotidianas.

Presentes os elementos que as identificam, não há somente um modelo de clínica a ser construído. Ela pode existir de várias formas. O importante, por fim, é destacar que as clínicas apresentam vantagens e desvantagens que precisam estar claras aos que desejam aplicá-las.

Referências

ABRAMOVICH, Victor. *La enseñanza del derecho en las clínicas legales de interes publico*: materiales para una agenda temática. Cuaderno de Análisis Jurídico, n. 9, Defensa jurídica del interes público: enseñanza, estratégias, experiencias, Faculdad de Derecho, Universidade Diego Portales, 1999.

ANDERSON, Terence J.; CATZ, Robert S. Towards a comprehensive approach to clinical education: a response to the new reality. *Washington University Law Quarterly*, v. 59, p. 727-792, 1982.

Association of American Law Schools. Report of the Committee on the Future In-House Clinic. *Jounal of Legal Education*, n. 42, 1992.

BARNHIZER, David R. The clinical method of legal instruction: its theory and implementation. *Journal of Legal Education*, v. 30, p. 67-148,1980.

BASTOS, Aurélio Wander. *Direito, Avaliação & Perspectiva*. Brasília: CNPq. 1978. v. IX.

BOHMER, Martín (org.). *La ensenanza del derecho y el ejercicio de la abogacia*. Barcelona: Gedisa, 1999.

BRADWAY, John S. Some distinctive features of a legal aid clinical course. *Chicago University Law Review*, n. 1, 1933.

Bradway, John S. What we may find out about law students from giving them clinical training that we do not find out when we give them casebook training. *The American Law School Review*, n. 8, p. 404-410, 1934-1938.

COURTIS, Christian. La educación clínica como práctica transformadora. In: VILLARREAL, Marta; COURTIS, Christian (coord.). *Enseñanza clínica del derecho*: una alternativa a los métodos tradicionales de formación de abogados. Cidade do México: Itam, 2007.

FALCÃO NETO, Joaquim de Arruda. *Direito, Avaliação & Perspectiva*. Brasília: CNPQ, 1982. v. 7.

FARIA, José Eduardo. *A reforma do ensino jurídico*. Porto Alegre: Sergio Antonio Fabris, 1987.

FRANK, Jerome. Why not a Clinical Lawyer-School? *University of Pennsylvania Law Review*, v. 81, n. 907, 1933.

GONZALEZ, Carlos E. R. El método clínico: alternativa al aprendizaje por 'osmosis'. *Revista Juridica de la Universidade Interamericana*, n. 18, 1983.

GONZÁLEZ. Felipe. Evolución de la red universitária sudamericana de acciones de interés público: ensenanza, estrategias, experiencias. *Cuaderno de Análisis Jurídico*, Faculdade de Derecho, Universidad Diego Portales, n. 9, 1999.

Grossman, George S. Clinical legal education: history and diagnosis. *Journal of Legal Education*, v. 26, p. 162-193, 1974.

Hovhannisian, Lusine. *Clinical Legal Education*: a practice-oriented methodology developing in new member States of the European Union. Disponível em: https://www.pilnet.org/wp-content/uploads/2020/04/Clinical-Legal-Education-and-the-Bologna-Process.pdf. Acesso em: 14 jul. 2020.

Kronman, Anthony. Vivir en el derecho. In: Bohmer, Martín (org.). *La ensenanza del derecho y el ejercicio de la abogacia*. Barcelona: Gedisa, p. 229-234, 1999.

Levy, Marcia; Szewczyk, Maria; Wattenberg, Valerie. Clinical Legal Education: Forming the Next Generation of Lawyers. In: Rekosh, Edwin (org.). *Pursuing the Public Interest*: A handbook for legal professionals and activists. New York: Public Interest Law Initiative, Columbia Law School, 2001, p. 257-298.

Lyotard, Jean-François. *The Postmodern Condition*: A Report on Knowledge. Minnesota: University of Minnesota Press, 1984, p. xxiv-xxv.

MacCrate, Robert. *A vision of the skills and values new lawyers should seek to acquire*. American Bar Association Section of Legal Education and Admissions to the Bar, 1992.

MacCrate, Robert. Educating a changing profession: from clinic to continuum. *Tennessee Law Review*, n. 64, p. 1099-1134, 1997.

MacCrate, Robert. Yesterday, today and tomorrow: building the continuum of legal education and professional development. *Clinical Law Review*, n. 2, v. 10, 2003.

Munger, Frank W. Clinical legal education: the case against separatism. *Cleveland state law review*, v. 29, p. 715-734, 1980.

Reingold, Paul D. Why hard cases make good (clinical) law. *Clinical Law Review*, n. 2, p. 545-571, 1996.

Skrodzka, Marta; Cehia, Joy; Bruce-Jones, Eddie. The next step forward: the legal development of clinical legal education in Poland through a clinical pilot program in Bialystok. *Columbia Journal of East European law*, v. 2, p. 56-93, 2008.

Stone, Alan A. Legal education on the couch. *Harvard Law Review*, v. 85, p. 392-441, 1972.

Stuckey, Roy *et al*. *Best practices for legal education*. United States: Clinical Legal Education Association, 2007.

Stuckey, Roy. Preparing students to practice law: a global problem in need of global solutions. *South Texas Law Review*, v. 43, p. 649-672, 2002.

Vicens, Ana Matanzo. Educación jurídica clínica en Puerto Rico: la clínica de asistencia legal de la Universidad de Puerto Rico. *Revista Jurídica U.P.R.*, v. 60, p. 199-225, 1991.

Wizner, Stephen. What is a law school? *Emory Law Journal*, v. 38, p. 701, 1989.

2. Debate

DANIEL MONTEIRO PEIXOTO

1. Definição do Conceito

O Debate ou discussão em sala de aula consiste em técnica de ensino cujo objetivo principal é instigar a participação do aluno. Toma como ponto de apoio a comunicação verbal, de mão dupla, entre professor e alunos e de alunos entre si.[1] O emprego desse recurso é instrumental em relação a determinado objeto de estudo, como um problema, uma questão ou um tópico conceitual que se pretende desenvolver. Desse modo, os alunos são levados a participar ativamente do processo de aprendizado, exercitando o raciocínio a partir de problemas, a capacidade de formular argumentos e contra-argumentos. Na aplicação da técnica costuma ser considerado não apenas o conteúdo, mas a atitude dos alunos e a troca de experiências relacionadas ao tema em discussão.

2. Vantagens e Eventuais Obstáculos ao Debate

De modo geral, a discussão em sala de aula tem sido apontada, pelos textos que se ocupam de Didática do Ensino Superior, como estratégia que tende a facilitar a aprendizagem, possuindo algumas vantagens quando comparada com outras estratégias de ensino, como a preleção (ou aula expositiva). Autores como Brookfield e Preskill (*apud* Gil,

---

[1] Cf. HESS e FRIEDLAND (1999, p. 55, tradução livre).

MÉTODOS DE ENSINO EM DIREITO

2006) chegam a compor uma lista de 15 itens relativos aos benefícios da discussão, entre os quais importa destacar:

> contribui para estudar um assunto sob diferentes perspectivas; amplia a consciência dos estudantes acerca da tolerância à ambiguidade e à complexidade; incentiva os estudantes a reconhecer e investigar suas suposições; encoraja a ouvir de forma atenta e respeitosa; [...] incrementa a agilidade intelectual; [...] estimula o respeito a opiniões e experiências dos estudantes; [...] afirma os estudantes como coprodutores do conhecimento; desenvolve a capacidade para a comunicação clara das ideias e dos significados; desenvolve hábitos de aprendizagem cooperativa; incrementa a capacidade de respeitar outras opiniões e torna os estudantes mais empáticos; ajuda os estudantes a desenvolver habilidades de síntese e de integração.

Avaliando as vantagens desse expediente, Hess e Friedland (*apud* GIL, 2006) afirmam que a "discussão ajuda os estudantes a reter informação ao final do curso, a desenvolver as habilidades de solução de problemas e de raciocínio, a mudar atitudes e a motivar aprendizados adicionais sobre o tema. Adicionalmente, a discussão fornece aos professores *feedback* e ideias a respeito de seus alunos". Sobre essa última característica – *feedback* do desempenho dos alunos –, é importante destacar que, muito embora não se trate de um retorno sistemático, tal qual acontece nos exames ou outras técnicas de avaliação, possui a vantagem de ser imediato, possibilitando que o professor reconsidere sua própria postura didática, estendendo ou ampliando a matéria objeto de Debate.[2]

Na discussão em sala de aula são trabalhados não só o domínio cognitivo, mas também o domínio afetivo, relacionado à capacidade de interação do aluno com os demais, no tocante à exposição de argumentos e pontos de vista. Antônio Carlos Gil observa que, dentro do domínio cognitivo, a discussão atua também como instrumento que favorece a reflexão acerca do que foi aprendido, superando a simples memorização, visto que o contexto do Debate leva os alunos a aplicar os conhecimentos em circunstâncias diferentes das quais foram inicialmente aprendidos. Essa reformulação do conhecimento diante de novas situações demanda, necessariamente, a compreensão do tema sob debate.

---

[2] Cf. LOWMAN (2004. p. 160).

DEBATE

A aplicação do conhecimento nas situações propiciadas pela discussão favorece, ainda, a autonomia do aluno, com a vantagem de que, ao longo do Debate, o professor está presente como agente facilitador.[3]

Outro argumento a favor do Debate reside na motivação proporcionada aos alunos, visto participarem ativamente na construção do conhecimento e também devido à valorização de suas ideias por parte do professor e dos colegas. Nessa linha, Joseph Lowman (2004, p. 162) afirma que "a motivação para aprender é aumentada porque os alunos querem trabalhar para um professor que valoriza suas ideias e os encoraja a serem independentes. Um professor que, por meio da discussão, solicita as opiniões dos estudantes comunica que se preocupa com a reação deles ao curso".

Muito embora existam vantagens significativas no emprego do Debate em sala de aula, os professores costumam dedicar curto período da sala de aula a esta dinâmica (segundo relatam Hess e Friedland [1999, p. 56], um estudo realizado com quarenta professores de graduação revelou que o tempo de classe destinado ao questionamento e discussão era de 4%). Como motivos frequentemente apontados para essa pouca utilização, alega-se que: (i) a discussão pode ser desviada para temas irrelevantes; (ii) pode ser dominada por alguns poucos alunos; ou, ainda (iii) pode cair na vala comum, de modo a causar desinteresse dos alunos.

Sintetizando alguns desses potenciais impedimentos a uma discussão eficiente, pode-se apontar:

Da *perspectiva dos alunos*: certas vezes as atitudes dos estudantes podem operar como um fator de impedimento à discussão, podendo ocorrer, por parte de alguns, a falsa crença de que discutir em sala de aula é uma perda de tempo. Outros chegam a crer que eles não estão pagando para ouvir os colegas, mas o que pensa o professor, desinteressando-se pelo que os outros têm a dizer. Alguns podem se esquivar do Debate simplesmente pelo medo de se expor em público ou de expressar "ideias erradas", ou que possam ser repreendidas pelos demais colegas.[4]

---

[3] Cf. GIL (2006, p. 156). No mesmo sentido, a afirmação metafórica de Joseph Lowman, no sentido de que: "a aplicação de ideias gerais também promove independência e é um bom exercício para prepará-los para a época em que se espera que comecem a trabalhar. Discussão em classe é um modo seguro de os alunos testarem suas asas, enquanto o professor está rondando por perto" (LOWMAN, 2004, p. 159).

[4] Cf. HESS e FRIEDLAND (1999, p. 56).

Da *perspectiva dos professores*: a relutância de alguns professores no emprego do Debate pode decorrer de diversos fatores, dentre eles a percepção de que a discussão leva a certa perda de controle, por parte do professor, sobre os temas e as ideias apresentadas em sala de aula, de modo que a discussão pode ser levada para um ponto não planejado. Alunos podem, ainda, formular perguntas acerca das quais o professor nunca refletiu antes. Além disso, o tempo consumido em sala de aula, em torno de discussões, pode ser incompatível com o eventual propósito de dar conta de um programa de curso repleto de conteúdos e informações (HESS e FRIEDLAND, 1999, p. 46).[5]

3. Objetivos Didáticos e a Utilização do Debate, como Técnica de Ensino

Uma das formas para se contornar estes eventuais obstáculos consiste na identificação do objetivo que se pretende alcançar com o Debate, visto que, na concepção de autores como Hess e Friedland, o Debate é um recurso que ajuda os alunos a alcançar *alguns* objetivos, mas não todos. Confira-se:

> Se o objetivo principal da aula for transmitir informação, a aula expositiva ou a demonstração podem ser mais efetivas do que a discussão. Por outro lado, a discussão é particularmente útil se os objetivos incluem a habilidade de resolver problemas e de pensar criticamente. Ademais, a discussão pode fornecer o veículo para a exploração de valores e atitudes. (HESS e FRIEDLAND, 1999, p. 58, tradução livre)

Semelhante é a posição de Joseph Lowman, ao consignar que, se o propósito for apresentar novas informações, talvez o Debate não seja o meio eficiente de apresentar o conteúdo propriamente dito. Porém, diz o autor, "a discussão ajuda a dominá-lo, encorajando os estudantes

---

[5] Acrescenta Joseph Lowman que há professores que "acreditam que os benefícios motivacionais positivos da discussão são supervalorizados, e que é mais apropriado, dado o tempo limitado da aula, deixar falar a pessoa que tem mais coisas a dizer: o professor. Outros veem a discussão como uma abdicação da responsabilidade do professor de compartilhar conhecimento superior, ou como uma manipulação míope que os professores fazem dos alunos, baseada na necessidade dos alunos de se sentirem importantes e desejarem ouvir sua própria voz falando" (LOWMAN, 2004, p. 158).

DEBATE

a processar ativamente o que aprendem enquanto estão sentados na classe" (LOWMAN, 2004, p. 159).

Um pouco mais otimistas com relação ao potencial das dinâmicas participativas de aprendizado (*active learning*), dentre as quais se inclui o Debate em sala de aula, Bonwell e Eison argumentam que há pesquisas que demonstram que estas estratégias são *comparáveis* à aula expositiva mesmo quando o propósito é promover o domínio de informações e conteúdos, mas superiores a esta em promover as habilidades do aluno relativas à reflexão e mesmo à escrita (BONWELL e EISON, 1991).[6] De todo modo, o importante é que o professor tenha muito claramente em vista os objetivos que deseja alcançar com o emprego do Debate em sala de aula.

A partir desses objetivos, e tendo optado pelo Debate enquanto recurso didático, deverá o professor eleger e preparar o material didático que servirá de base para a discussão, podendo ser o relato de um caso, uma decisão judicial, um projeto de lei, um artigo doutrinário, um vídeo ou qualquer outro suporte que seja interessante da perspectiva dos alunos e complexo o bastante para provocar diferentes pontos de vista.[7]

É importante também preparar um meio ambiente adequado, tanto do aspecto físico (*physical environment*) quanto do aspecto social (*social environment*). O ambiente físico pode ser ajustado de diversas formas, sendo recomendado, contudo, que o professor não esteja localizado à frente da turma, de modo que os alunos sejam motivados a interagir entre si. É importante, dessa maneira, que eles estejam em contato visual direto. Sob o aspecto social, cabe formar ambiente que seja encorajador à participação dos alunos, incentivando-os a expressar suas opiniões. Nesse sentido, Hess e Friedland destacam a importância de que o professor, logo no início do curso, explique aos alunos sobre a

---

[6] Sobre o debate enquanto forma de aprendizado participativo, os autores tecem ainda as seguintes considerações: "Discussion in class is one of the most common strategies promoting active learningwith good reason. If the objectives of a course are to promote long-term retention of information, to motivate students toward further learning, to allow students to apply information in new settings, or to develop students' thinking skills, then discussion is preferable to lecture (MCKEACHIE *et al.*, 1986). Research has suggested, however, that to achieve these goals faculty must be knowledgeable of alternative techniques and strategies for questioning and discussion (HYMAN, 1980) and must create a supportive intellectual and emotional environment that encourages students to take risks (LOWMAN, 1984)".

[7] Cf. HESS e FRIEDLAND (1999, p. 57).

MÉTODOS DE ENSINO EM DIREITO

discussão como um método de aprendizado, os objetivos que pretende alcançar com essa proposta, bem como as vantagens do Debate para se alcançar esses objetivos (HESS e FRIEDLAND, 1999, p. 57).

No tocante às questões apresentadas pelo professor com o intuito de fomentar o Debate, vale a ressalva de alguns aspectos básicos: (i) as questões devem ser claramente formuladas; (ii) devem ser abertas (*open-ended*), no sentido de que não admitem respostas do tipo sim ou não; (iii) deve ser formulada uma questão por vez, dado que muitas questões simultâneas tendem a confundir e desencorajar a participação dos alunos; (iv) devem ser variadas sob o aspecto de que despertem o interesse de todos os alunos, dotados de diferentes habilidades e diferentes graus de compreensão sobre o tema ou material versado em sala (HESS e FRIEDLAND, 1999, p. 57).

Alguns professores vêm adotando o Debate, em sentido amplo,[8] como forma de complementar, e mesmo como alternativa ao método socrático, o ensino do Direito. É o caso de Frank Guliuzza III, para quem o método socrático[9] possui algumas limitações que podem ser contornadas, na medida em que são dedicadas algumas aulas, ou parte delas, ao ensino na forma de debates. Partindo das críticas formuladas ao método

---

[8] Na visão de Antônio Carlos Gil, a discussão pode se dar das mais variadas maneiras, visto ser a participação do estudante o seu traço característico. Aponta, nessa linha, três modalidades principais: (i) a discussão clássica; (ii) a discussão desenvolvente; e (iii) a discussão socrática, todas como subespécies do gênero discussão. Observando essa variabilidade na caracterização da dinâmica, afirma: "há discussões que apresentam altos níveis de estruturação. Mas há discussões pouco estruturadas, que pouco se distinguem de uma exposição dialogada, e que são definidas como discussões apenas porque os estudantes mantêm algum nível de participação. Algumas dessas discussões se iniciam de forma inesperada, no decorrer de uma aula expositiva. Isto porque há professores que aproveitam perguntas feitas ao longo de uma exposição para promover pequenas discussões, mesmo que não tenham sido planejadas" (GIL, 2006, p. 159).

[9] O autor em referência define o método socrático da seguinte forma: "The Socratic method, an approach that dominates legal education in the United States, involves asking students, who have presumably already read the assigned cases, to indicate the facts of the case, the legal question put before the court, how the court answered each question, the reasoning of the majority opinion, and the reasoning behind dissenting or concurring opinions. Then, often in order to answer a series of hypothetical questions by the instructor, students must 'harmonize the outcomes of seemingly inconsistent cases so that they are made to stand together'" (GULIUZZA III, 1991). Sobre o método socrático, confira-se também o capítulo "Diálogo Socrático", neste volume.

socrático,[10] o autor acredita que há outros modos de desenvolver no aluno a habilidade de análise crítica. Adota o que chama de "debate competitivo", em que os alunos são instigados a confrontar pontos de vista sobre o mesmo assunto. Entende que, devido à competitividade inerente ao Debate, os estudantes são motivados a estudar os casos, avaliar os argumentos judiciais envolvidos e consultar a doutrina relativa ao tema. Conclui que um dos pontos altos do Debate reside no fato de permitir que os alunos ensinem um ao outro. Promove-se, desse modo, um deslocamento da interação professor-aluno para uma interação aluno-aluno, atuando o professor como agente catalisador.

Destaque-se que não há um modelo fechado para o uso do Debate em sala de aula, sendo até questionável o fato de tratar-se ou não de uma técnica autônoma de ensino. Talvez seja mais adequado dizer que o Debate é um recurso pedagógico que visa a participação dos alunos, capaz de ser empregado conjuntamente, em maior ou menor grau, às mais variadas metodologias, como o *role-play*, a simulação, o *case method*, o método socrático e, ainda, a própria aula expositiva.

Referências

BONWELL, Charles C; Eison, James A. *Active learning*: creating excitement in the classroom. NTLF – National Teaching and Learning Forum. Disponível em: http://www.ntlf.com/html/lib/bib/91-9dig.htm. Acesso em: 15 abr. 2008.

GIL, Antônio Carlos. *Didática do ensino superior*. São Paulo: Atlas, 2006.

GULIUZZA III, Frank. In-class debating in public law classes as a complement to the socratic method. *Political Science and Politics*, n. 4, v. 24, Dec. 1991, p. 703-705.

HENDRIKSON, Leslie. *Active learning*. NTLF – National Teaching and Learning Forum. Disponível em: http://www.ntlf.com/html/lib/bib/84-9dig.htm. Acesso em: 21 abr. 2008.

HESS, Gerald F; FRIEDLAND, Steven. *Techniques for teaching Law*. Carolina Academic Press, 1999.

LOWMAN, Joseph. *Dominando as técnicas de ensino*. Tradução de Harue Ohara Avritscher. São Paulo: Atlas, 2004.

---

[10] Vf. capítulo "Diálogo Socrático", nesta obra.

3. Diálogo Socrático

LEONARDO ARQUIMIMO DE CARVALHO

1. Conceitos Introdutórios

O Diálogo Socrático (DS) é um mecanismo retórico que busca identificar, no curso de uma manifestação dialógica, a verdade presente nos argumentos e contra-argumentos dos sujeitos envolvidos.

Quando instrumentalizado para o ensino, o DS é compreendido como um método que utiliza a interação dialogada entre dois ou mais sujeitos para estimular a compreensão ou a reflexão sobre um tema.

O DS não tem uma apresentação uniforme quando associado ao ensino do Direito. Assim, frequentemente são identificadas características que acabam circunscrevendo-o a determinadas ações pedagógicas que recebem o presente enquadramento.

Algumas das qualidades que distinguem o DS de outros métodos são: conversação como núcleo central da atividade pedagógica, participação inquisitiva, inexistência de um objetivo estrito definido, construção coletiva do conhecimento, estímulo ao desenvolvimento da capacidade reflexiva dos envolvidos e catalisação da aprendizagem com a responsabilização do discente pela consolidação de certas informações ou habilidades.

O DS se caracteriza pelo afastamento da ideia de um centro de difusão de informações "verdadeiras" no ambiente da sala de aula. Os discentes, geralmente ávidos por informações definitivas, são surpreendidos pela dúvida e pela ação redarguitiva. Logo, quem conduz uma atividade usando o DS não deve ser, como personagem que deverá incorporar, portador de um conjunto de informações destinadas a responder pelas angústias dos discentes.

O docente pode não estabelecer um suporte imediato para as inquietudes dos discentes, permanecendo como um garantidor de que a assimetria de informações armazenadas entre os próprios discentes não seja imediatamente equalizada pelo fornecimento de dados objetivos. As aulas magistrais são substituídas, como consequência, pela construção coletiva de alguns conceitos e informações.

A experiência em um espaço de ensino-aprendizagem com o uso do DS é dividida entre os atores envolvidos no processo – geralmente docentes e discentes. Ambos devem afiançar a continuidade do diálogo com a utilização de uma ferramenta simples, que é o permanente uso de induções.

Inicialmente pode parecer oportuno que somente um docente e um discente participem de um DS; contudo, o senso de realidade aponta para uma prática multidirecional que pode ser construída para as relações docente-discente, discente-discente e docente-discente como grupo.

Espera-se que o fenômeno comunicacional, que se processa na forma de um diálogo, permita aos envolvidos esclarecer as informações discutidas, com a construção do conhecimento. Porém, a ampliação do desconforto com a produção de uma inquietação perturbadora não é incomum.

A instabilidade produzida pelo emaranhado indutivo desperta a atenção do grupo para a inconsistência de determinados fenômenos, fatos, teses, decisões ou argumentos. O resultado parece positivo do ponto de vista pedagógico.

Outra particularidade refere-se à definição de objetivos para uma atividade que utiliza o DS como ferramenta pedagógica. Frequentemente se afirma que uma aula com um "final definido" caracterizaria uma ferramenta pedagógica conhecida como *eliciting*, enquanto o "final aberto" representaria o "verdadeiro" DS.

No DS, o docente poderá não conduzir os discentes a um resultado final. Assim, é possível afirmar que uma das características do processo é que o conjunto questionador apresentado é *open-ended*, não havendo um argumento pré-arranjado ou final que defina a forma como o docente se relaciona com o discente em relação ao conteúdo.

De qualquer maneira, pode haver um entendimento mais elementar do que o DS representa: trata-se de uma confabulação entre docente e discente no formato de um conjunto de perguntas e respostas que são direcionadas pela eleição de indagações que definem o parâmetro de conversação.

2. A Materialização do Diálogo Socrático

Reich apresenta quatro elementos que considera componentes essenciais do DS. O primeiro refere-se ao uso da técnica para examinar as crenças dos estudantes. O uso de questionamentos faz com que os discentes lutem para identificar e, na sequência, defender seus "valores" em relação ao "mundo". Nesse momento não é importante a repetição de fatos ou uma indagação sobre a lógica das falas, mas que os participantes expressem suas ideias, crenças e ações. É mais importante buscar saber o que os discentes pensam visceralmente sobre determinados fatos (REICH, 2003, p. 2).

No segundo elemento, o DS está associado à ideia de que os discentes devem ser instigados a apresentar sua opinião sobre algum tema, explorando os valores presentes nas suas crenças. Quando estes valores são desafiados ou mesmo refutados, isso significa que suas crenças ou formas de compreender o mundo e, consequentemente, de viver, são desafiadas (REICH, 2003, p. 2).

O elemento essencial consequente é relacionado ao ambiente da sala de aula, que deve estar caracterizado pelo "desconforto produtivo" que os atores devem vivenciar (REICH, 2003, p. 2).

Já o último elemento envolve a aplicação do DS para demonstrar a complexidade, dificuldade e a incerteza que são advindos de qualquer fato (REICH, 2003, p. 2).

O docente não deve ser o opositor de cada argumento feito pelos discentes. Assim, deverá evitar um papel de sujeito central na indicação do que é "correto" e do que é "incorreto", buscando encontrar um equilíbrio na função desempenhada pelos atores. Para Reich, o professor deve participar do diálogo e deve estar aberto para o aprendizado, assim, não pode incorporar um papel que exija deferência, já que o desconforto não pode ser confundido com intimidação.

MÉTODOS DE ENSINO EM DIREITO

No ensino do Direito, o DS exige algumas ações. Estas geralmente são atribuídas aos docentes, assim: i) saber o nome dos discentes; ii) indicar que a participação permanente é necessária e baseada em argumentos viscerais; iii) aceitar o silêncio como resposta; iv) buscar produzir desconforto; v) usar perguntas contínuas e incentivar o autoesclarecimento; vi) fazer perguntas desafiadoras; vii) estar pronto para aprender e responder que "não sabe" ou "não conhece";[1] viii) aceitar as ideias completamente "inovadoras" – mas não burlescas; ix) intervir de forma breve e curta – uma opinião geral sobre o objeto estudado é geralmente desnecessária se a técnica foi bem desenvolvida; x) evitar as condescendentes e respeitosas referências a autoridades – seja do professor ou de terceiros; xi) encorajar a interação na classe; xii) usar a atividade com pequenos grupos; xiii) questionar a utilidade permanente da técnica; xiv) verificar se o DS tem utilidade para aquilo que se pretende ensinar; xv) abandonar a ideia de "esgotamento" de temas e conteúdos; xv) perceber a relativização no uso do tempo para preparo e aplicação de dinâmicas participativas (REICH, 2003, p. 3-4; SMITH, 1999, p. 38; PÜSCHEL, 2007, p. 27-29).

Na experiência das escolas de Direito estadunidenses o DS foi bem difundido quando associado ao *case method*.[2] Porém, não há um procedi-

---

[1] Smith afirma, assim como a maioria dos docentes, que dizer "não saber" é adequado. Porém, apresenta algumas sugestões para evitar o desconforto das perguntas embaraçosas feitas pelos discentes. As "possibilidades de fuga" são justamente aquelas apresentadas de forma caricatural quando se quer demonstrar os problemas do DS. Algumas delas: i) as respostas com perguntas cínicas: "[...] *What do you think the answer is, and why? [...] Isn't that what you're supposed to tell me? I'm the one getting paid to ask the questions.* [...]"; ii) a escolha de um discente para responder uma pergunta direcionada ao docente que será atestada pela opinião de outro discente: "[...] *'How would you respond?' And then pick on someone else and ask, 'Do you agree?' And, before long, the original question will have been forgotten* [...]"; iii) devolver a pergunta fazendo referência genérica a casos anteriores ou à lei: "[...] *What does the Code (or case) say about that? [...]*"; iv) usar um argumento de autoridade: "[...] *What's your authority for that proposition? [...]*"; v) contrapor as informações apresentadas com perguntas abstratas sobre qual o melhor argumento para adotar uma pergunta ou outra. Encerra afirmado: "*In other words, you don't really have anthing to fear, because you are master of the domain. Your exalted status as a law professor, combined wiht the Socratic Method, will permit you to extricate yourself from any situation. These questions also make good, general-purpose questions for class*" (SMITH, 1999, p. 46-47).

[2] Guinier *et al.* definem o DS da seguinte forma: "*Typically, the class session is devoted to the professor's questioning the student (or students) about details of the court's decision in an effort to extrapolate the legal principles embedded in the opinion. This method was intended not only to*

DIÁLOGO SOCRÁTICO

mento comum para a aplicação do DS. É possível afirmar que a falta de rigidez na sua materialização advém dos pressupostos básicos que permitem o uso do método, qual seja, um colóquio envolvendo perguntas e respostas.

Assim, observadas as responsabilidades indicadas anteriormente, o seu desenvolvimento passa a ser intuitivo. Por uma questão meramente organizacional, é adequado dividir o DS em dois momentos: preparação e aplicação.

Na preparação são exigidas as seguintes ações: i) o docente organiza a atividade, separando o material de apoio – caso, documento, texto – que dará suporte ao diálogo; ii) se necessário, todos fazem a leitura prévia do material; iii) se necessário, os participantes são orientados sobre as regras da atividade – participação autêntica, respostas dentro de uma lógica jurídica, fundamentação, contribuição para redarguição permanente, etc.

Na aplicação, a postura mais adequada ao docente é: i) evitar ser o centro de difusão de conhecimentos; ii) estimular a discussão e a polêmica; iii) garantir a assimetria de informações pela apresentação de novos elementos; iv) questionar a validade de informações consensuadas; v) permitir a construção coletiva das sínteses alcançadas.

Em suma, um dos atores, geralmente um docente, faz uso de algumas perguntas – pode ser o resumo de um caso ou problema – para apresentar ou questionar valores e crenças – "senso comum" – e conduzir os discentes para ambientes não estáveis. O docente introduz um tema, uma particularidade sobre um tema ou um problema, ao mesmo tempo em que busca demonstrar que as soluções não são lineares. O conhecimento prévio sobre o tema e a familiaridade com as metodologias participativas é relevante, já que evita que a discussão inicial seja elementar.

No momento seguinte, a depender do perfil docente e dos objetivos pedagógicos, pode haver um protagonismo dos discentes. Estes, com ou sem a interferência do docente, dão sequência ao processo fazendo novas perguntas para os pares.

Em um sentido mais tradicional, a técnica começa a ser aplicada com o uso de um *elenchus*, ou uma refutação lógica, em que o docente

---

convey legal principles, but also to aid the student in developing legal reasoning skills and becoming an independent thinker" (GUINIER *et al.* 1994, p. 3, nota de rodapé n. 11).

MÉTODOS DE ENSINO EM DIREITO

demonstra que uma verdade geral ou uma ideia apresentada como certeza não está totalmente sedimentada. Depois de obter algum desconforto entre os discentes, o docente pode reapresentar o problema com outras perguntas centrais formuladas para deduzir informações relacionadas com o objeto inicial de refutação (STUCKEY *et al.*, 2007, p. 207).

Ou seja, o docente elabora uma questão, advinda de um caso ou de outro documento, que é apresentada aos discentes. Ao obter uma resposta, o docente passa a demonstrar, por intermédio de outras perguntas, que a resposta inicial é falsa ou está permeada de equívocos, que acabam por invalidá-la. Durante a discussão todos devem concordar com a lógica combinada, que é de refutar as primeiras respostas, buscando construir coletivamente determinadas informações. A angústia advinda da destruição do consenso anterior pode ser controlada com intervenções pontuais do docente (MOORE, 2003, p. 505-506).[3]

A refutação lógica estabelece as condições necessárias para que um diálogo tenha continuidade. Mas essas primeiras refutações não são propriamente o DS. São questões consideradas inautênticas, já que se sabem as respostas.[4] Para os linguistas, afirmam Stuckey *et al.*, uma pergunta ou um pedido por informações é autêntico quanto preenche três condições que o respondente deve conhecer: i) aquele que questiona não tem a informação que responde a sua indagação; ii) aquele que responde sabe a informação; iii) o que responde somente vai repassar uma informação se questionado. Aquele que pergunta geralmente está em

---

[3] *"As the student responds, the professor will challenge the student's understanding of the components of the case and interpretation of the law that emerges from the case. [...] Professors do actually provide information by lecture and will provide answers to questions when students are unable to do so"* (MOORE, 2003, p. 506).

[4] Dillon apresenta uma comparação entre o DS e a técnica utilizada no seriado de TV *Paper Chase*, do final dos anos de 1970. O professor do seriado, Kingsfield, apresenta o DS como um método de perguntas e respostas que buscam desenvolver a habilidade dos alunos para a análise de casos complexos que permitem o autoensino: *"You came in here with a skull full of mush, and you leave thinking like a lawyer"*. Dillon afirma que a técnica usada por Kingsfield é erística, já que as perguntas não são genuínas. *"Above all Kingsfield is not perplexed – far from it, he knows the Law and everyone knows that he does. [...] Thus whatever Kingsfield proclaims, he is not using the Socratic method: not in form, not in content, not in spirit"*. Kingsfield faz uso de um modelo que se parece com uma "aula ditada" *"[...] the questions require students to recount what they have studied. It is a set-price"* (DILLON, 1980, p. 529-535).

uma condição de superioridade,[5] o que pode ser ofensivo se não conduzido de forma comedida (STUCKEY *et al.*, 2007, p. 208).

Frequentemente o arrazoado anterior é substituído por descrições mais elementares, que partem de uma premissa que valoriza a formação coletiva do conhecimento. A aproximação entre docentes e discentes, nos formatos sugeridos pelo DS, permite uma difusão de informações e a construção de lógicas por diferentes caminhos.[6] O envolvimento coletivo não é garantidor de um entendimento sobre os conteúdos apresentados e discutidos, mas produz um desconforto que pode ou não ser estimulante.

3. O Diálogo Socrático no Ensino do Direito

O uso de metodologias ou técnicas específicas para o ensino não é uma prática conscientemente difundida nas instituições de ensino brasileiras que ofertam o curso de Direito. É possível afirmar que a maioria dos cursos adota um modelo de formação bastante próximo do tradicional – associado a aulas expositivas –, sem uma preocupação com a construção de técnicas mais estimulantes na formação dos discentes.[7]

---

[5] *"Linguist also note that requests presume an obligation of deference on the part of the respondent. Because, they carry this presumption, requests can easily cause offense. This potential for offense accounts for the facts that requests are usually softened by mitigating language, such, a expression of politeness. The risk of offense is greatest – and the expectation of mitigation is highest – when requester and respondent are peers or the respondent is superordinate. An adult may not mitigate a request made to a child, but it is likely that s/he will mitigate a request made to a supervisor. Genuine questions are mitigated by the questioner's neediness. Request for display lack this mitigating element. They therefore seem to presume an even greater discrepancy in power and, as a result, are more likely to cause offense"* (STUCKEY *et al.*, 2007, p. 208).

[6] *"In addition to being multidimensional and multirelational the dialog method entails active student participation in the learning process. If I had to pick the single most important virtue of the dialog method, it would be this: dialogic is a pedagogy based on the premise that active learning almost always produces understanding of higher quality than passive learning"* (MARSHALL, 2006, p. 9).

[7] As discussões sobre o ensino jurídico no Brasil são profícuas. Há um conjunto de pesquisadores, instituições de ensino e entidades – Instituto dos Advogados Brasileiros (IAB), Ordem dos Advogados do Brasil (OAB), Associação Brasileira do Ensino do Direito (ABEDi), Conselho Nacional de Pesquisa e Pós-Graduação em Direito (CONPEDI), Comissão de Especialistas de Ensino Jurídico do MEC, Comissão de Especialistas de Ensino de Direito da SESu/MEC – que, em diferentes momentos, contribuíram e contribuem para o estabelecimento de um ambiente favorável à crítica ao modelo tradicional de ensino, a profusão de escolas, as condições e a qualidade da oferta, a estrutura curricular, etc. Smith (1999)

MÉTODOS DE ENSINO EM DIREITO

O modelo tradicional é centrado basicamente nos talentos de expressão oral do docente e na eventual discussão e contextualização das temáticas abordadas.[8] Efetivamente, não se assevera que o ensino tradicional está eivado de problemas, mas, sim, que o uso de técnicas participativas e desafiadoras modifica a relação discente-docente e pode favorecer o processo de ensino-aprendizagem.

No ensino tradicional há uma mescla de instrumentos considerados adequados para a fixação de conteúdos, ou mesmo uma tentativa de evitar a monotonia com atividades participativas que produzem estímulos na formação de determinadas habilidades. O processo não é construído com base em critérios alopoiéticos ou externos ao entendimento do docente sobre quais seriam os melhores mecanismos de "armazenamento de informações".

---

oferece algumas sugestões para os que se iniciam na aventura docente, dando uma ideia de como o DS é encarado nos EUA. Ele afirma que: "*Law school is all about analysis. And what better way is there to teach analysis than to use the Socratic Method, which terrifies students so much that they cannot think if called upon and are so afraid of being called on that they cannot concentrate while someone else is speaking?*" (Smith, 1999, p. 37). Ainda, há um conjunto relevante de dados que indicam que o DS é uma metodologia inadequada a certos propósitos pedagógicos. Tem características desestimulantes e induz a certas "adaptações indesejadas" (Moore, 2003, p. 506-508). Igualmente há uma literatura bem desenvolvida que estabelece, em diferentes graus, críticas aos modelos mais usuais de ensino, aos *casebooks* e ao próprio *case method*. "*The case method is a torture device law professors employ to watch their students squirm. [...] In implementing the case method, professors will often employ some version of the Socratic Method. The Socratic Method, in its purest form, calls on the professor to pick a student at random and question him or her about case's facts, holding, rule of law, and reasoning until the students breaks down into tears. [...] The cases used to implement the case method are compiled into a book popularly known as "the casebook"* (Siri, 2007, p. 45-46). Siri trata Langdell e o *case method* com desprezo: "*There he lived alone and unmarried in a single bedroom directly adjoined to his Office. This may explain the bitterness that led him to unleash so much pain and suffering on law students later in life. [...] But darkness would soon fall upon law schools all over the land as Langdell's students – the very few who did no flee – would morph into professors and spread like a virus across the country. [...] In sum, the reasons the casebook and case method spread during the end of the nineteenth century are professorial laziness, the desecration of an effective model of legal education for the sake of maintaining an elitist image, and a religious conviction on the part of Langdell's disciples that the case method was the holy grail of legal education*" (Siri, 2007, p. 47-51). Siri (2007) afirma que o uso do *case method* e dos *casebooks* nos EUA está vinculado aos interesses financeiros na venda de livros. Ele estima que 30% dos docentes nos EUA possuem *casebooks* publicados. Estes, apesar de "*slapped together cases*" (*sic*), custam, tradicionalmente, mais que os livros de doutrina (Siri, 2007, p. 51-58).

[8] A opção pelo DS fulmina o vigarismo do ensino neutro, já que o DS exige a permanente tomada de posição por parte dos atores envolvidos.

DIÁLOGO SOCRÁTICO

De qualquer maneira, o DS utiliza uma técnica adequada à formação jurídica brasileira, já que permite a construção de certas competências e habilidades buscadas no ensino tradicional – interpretação e aplicação do Direito; atuação técnico-jurídica em diferentes instâncias; correta utilização da terminologia jurídica; utilização de raciocínio jurídico, de argumentação, de persuasão e de reflexão crítica; julgamento e tomada de decisões; estimula a reflexão e a construção do conhecimento.

Apesar de simples, as características do DS são pouco conhecidas e sua prática não é estimulada no ensino jurídico nacional.

Nos EUA, a ideia central do ensino de Direito é fornecer aos estudantes ferramentas para a "solução de problemas"; ensiná-los a "pensar como advogados". A arguição frequentemente observada parte da ideia de que o "instrumental para o equacionamento de litígios" é tão importante quanto o "Direito".

Para Sofiste, que discute o método socrático como técnica para a docência de filosofia,[9] o DS possibilita colocar em ação o filosofar, já que: i) supõe um filosofar desenvolvido coletivamente; ii) relativiza a lógica da afirmação, incentivando a autonomia intelectual; iii) busca verificar a validade dos raciocínios; iv) representa a construção coletiva de conhecimentos com validade intersubjetiva (SOFISTE, 2007, p. 37).

Sofiste afirma que o método tem um "valor social", já que permite a construção de um conhecimento por meio da colaboração, do intercâmbio. Os discentes são "coautores do conhecimento" a ser construído. Sócrates convida os que com ele dialogam a discutir as verdades postas, afirma Sofiste. Os "melhores argumentos" podem ser alterados pelo surgimento de "melhores razões". Perguntas e inferências são feitas com o objetivo de verificar se determinadas afirmações são corretas ou não.[10]

---

[9] Sofiste destaca que a dimensão pedagógica do modo socrático de fazer filosofia é o diálogo que tem as seguintes características: i) estrutura-se a arte da pergunta e da resposta; ii) responde a um modo de pensar aberto; iii) busca a comunicação, já que os dialogantes estão conscientes do tema, estão atentos ao diálogo, falam claramente, delimitam o tema; iv) há uma preocupação constante em não assumir ideias e princípios sem estar consciente do que estes representam; v) preocupação com a investigação "epistemologicamente humilde", com a apresentação das próprias razões, com a construção coletiva do conhecimento aprendendo com o outro (SOFISTE, 2007, p. 37-48).

[10] A busca da essência motivava o modelo de diálogo construído por Sócrates. "Naquela época, como hoje, os homens resistiam a reconhecer que não sabiam o que pensavam e diziam saber. Quando indagados por Sócrates com a sua pergunta fundamental – "o que é?"

MÉTODOS DE ENSINO EM DIREITO

As habilidades construídas, quando do uso do DS, são as de investigar, raciocinar, conceituar e interpretar (SOFISTE, 2007, p. 37-48). As relações estabelecidas no momento de construção do DS são positivas, já que garantem a construção do conhecimento, e não somente a sua reprodução (MARSHALL, 2006, p. 9).

O ensino do Direito nos EUA utiliza um conjunto restrito de metodologias, e o DS é uma prática amplamente difundida.[11] Em função da sua abrangência e do acúmulo de experiência no seu uso, já é possível construir uma crítica em relação à efetividade do instrumento socrático.[12]

Areeda explica que o DS não se parece com o "Método do Caso", com uma "Aula Expositiva Ditada", com um ritualístico evento de perguntas e respostas em que os "versículos recitados têm respostas decoradas", não é uma pesquisa de opiniões em que é possível emitir

("o que é a virtude?", "o que é a justiça?", "o que é a cidade justa?") –, prontamente respondiam com as suas certezas imediatas, as suas representações sem reflexão, os seus pré-conceitos. Iniciando, no entanto, o diálogo, através (dia-) do discurso (lógos), lançado o movimento contraditório entre as proposições e entre os interlocutores, irrompiam a alteridade, a diferença, a dúvida. Sócrates mostrava então aos seus interlocutores que o que eles chamavam de "justiça", de "beleza" ou "virtude" eram apenas imagens e, como e enquanto imagens, apenas a forma aparente das coisas, apenas fenômenos fungidos e inconstantes. Mostrava que os homens confundiam as sombras das coisas com as próprias coisas [...], os seus pré-conceitos com os verdadeiros conceitos de cada coisa. Sócrates voltava então a ação negativa (apóphasis) do seu logos (discurso e razão) contra essa multiplicidade de representações das coisas. Mostrava que essas representações eram apenas opinião (doxa), e não ciência (epistême). [...] para saber o que algo realmente é, em sua essencialidade, torna-se necessário superar as imagens e procurar o conceito desse algo. [...] O conceito de uma coisa não é algo que se dá imediatamente [...] para chegar ao conceito de algo, mostrava Sócrates, é necessário o esforço (pónos)" (BENOIT, 2006, p. 8-9).

[11] Para Marshall, a ideia de que o DS é amplamente difundido nas escolas de Direito é um mito. O uso genuíno do diálogo – na opinião do autor, aquele considerado suficiente para produzir desafios intelectuais – tem sido abandonado. As formas mais utilizadas são a *lecture*, o *proforma dialog* e o *avuncular dialog* (MARSHALL, 2006, p. 2).

[12] *"In the case or 'Socratic' method of study, the students read reported cases and other material collected in a casebook, and the class answers questions about them instead of listening to a lecture by the professor. [...] In its purest form, the Socratic method consists of the professor posing questions and asking students to respond, with little direct input from the professor. The question posed in based either on a case in the casebook, or on a hypothetical case designed to show the students how a principle of law operates"* (NEDZEL, 2004, p. 19-20). *"The principal method for teaching legal doctrine and analytical skills in United States law schools is the Socratic dialogue and case method. Students read appellate courts 'decisions in casebooks and answer professors' questions about the holdings and principles of law contained in the cases"* (STUCKEY et al., 2007, p. 207).

DIÁLOGO SOCRÁTICO

qualquer juízo de valor, não é um conjunto de perguntas panorâmicas que permitem qualquer resposta; igualmente, não é uma aula-conferência, interrompida para responder perguntas, também não é uma invenção do *critical legal studies* para demonstrar o indeterminado (AREEDA, 1996, p. 911-914).

Na ótica de Areeda, as críticas ao DS estão associadas à tentativa de estabelecer uma censura ao modelo ou a sua excessiva utilização. Nesse particular, o autor identifica um conjunto de três desvantagens: i) o desperdício de tempo; ii) a humilhação ou intimidação dos discentes; iii) a confusão ou o aborrecimento produzidos (AREEDA, 1996, p. 914).

A primeira é dura com o método, já que considera que o uso de questionamentos[13] é uma forma ineficiente de estabelecer a comunicação e repassar informações (WILLIAMS, 1993, p. 1.575; GUINIER *et al.*, 1994, p. 46). Porém, explica Areeda, a transmissão de conhecimentos é apenas uma parte da formação de um estudante de Direito; inúmeras vezes a incerteza obriga o uso de técnicas que possibilitem uma construção não passiva do saber e que permitam a equação de problemas (AREEDA, 1996, p. 914-916).

A segunda indica uma limitação, já que envolve a participação e, como consequência, exposição pública de ideias diante de discentes e de docentes. O diálogo intimida, pois estimula a competitividade entre os pares. Ainda, como elemento de crítica ao DS, os discentes apontam a presença de "armadilhas" preparadas pelo docente como elemento de vaidade. Em relação a esta última, Areeda responde que o ardil não deve ser usado para mostrar superioridade. As duas objeções iniciais não são incomuns,[14] porém inerentes à formação no curso de Direito,

---

[13] *"Law schools are thus out of step with the rest of the university. After all, the Physics Dep't does not ask you to deduce the existence or nature of gravity by sitting under a tree until an apple falls on your head."* (AREEDA, 1996, p. 914-915).

[14] Na discussão sobre "ações afirmativas", no Brasil há uma informação difundida de que os alunos favorecidos por políticas inclusivas não teriam aproveitamento semelhante aos demais. O DS pode utilizar um modelo que exige rápidas e desafiadoras perguntas e respostas que acabam produzindo constrangimento e atrito entre os discentes e o docente. A tensão pode ser desagradável para discentes já inseridos em condições desiguais. *"The Socratic method is perhaps the clearest example of the influence of mainstream epistemological assumptions in legal education. [...] To begin with, the structure of the exchange – in which the teacher unilaterally controls the direction of inquiry – rests on the assumptions there is a fact-of-the-matter to be discovered and the teacher knows that fact while may or may not. [...] This process also assumes that knowledge*

MÉTODOS DE ENSINO EM DIREITO

que exige a compreensão e a apresentação de determinadas teses, corretas ou não. Ainda, o DS deve estar associado a modelos cooperativos. Por fim, a confusão que o DS produz, em algum estudante, não pode ser ignorada, e a sensibilidade do docente deve determinar o momento para seguir em frente, mesmo sem as "respostas" buscadas (AREEDA, 1996, p. 916-918).[15]

A última objeção se refere à eventual confusão que o DS produz nos discentes. A confusão permite manter os discentes "trabalhando o problema" e a particularidade se apresenta como "construtivista". Aqui um cuidado é apontado: a dúvida é inerente ao processo de aprendizagem, mas a completa falta de norte pode tornar o método ineficiente. Como sugestão, é indicado apontar a circunscrição do objeto de análise a determinado tópico, com o cuidado de não limitar a intervenção dos discentes. Ainda que com ternura, o docente deve ser implacável no seu

---

is something one finds rather than creates; the teacher is guiding the student to look in the right place. [...] Knowledge can be understood as a social practice deeply embedded in a particular culture. Facts are made, through a process of selection and interpretation, rather than found. [...] Let me suggest a possible feminist reconstruction of the Socratic method. [...] The goal, as I see It, is instead to ask the kind of question which requires the student, in attempting to answer it, to create knowledge she did no have the moment before you asked the question. The question does this because it causes the student to think and feel about the information in her possession in a new way and then to articulate it. Describe in this way, I believe that the Socratic method is fully consistent with a feminist epistemology." (WILLIAMS, 1993, p. 1.573-1.575). Guinier *et al.*, demonstram que a igualdade material alcançada por determinadas categorias no ingresso no ensino superior não traz maiores vantagens. Na pesquisa há uma demonstração do equilíbrio no número de mulheres que ingressaram na Pennsylvania Law School, entre o final dos anos de 1980 e o começo dos anos de 1990. Porém, Guinier *et al.* concluíram que as mulheres recebem menos prêmios, têm menos oportunidades, participam menos das atividades em sala de aula e têm um desempenho pior que o masculino (GUINIER *et al.*, 1994, p. 4, 12-32, 46). É interessante perceber que o DS é considerado, por um número elevando de respondentes femininas da pesquisa, um instrumento pedagógico opressor, que não estimula o livre pensar *"[...] many women are alienated by the way the Socratic method is used in large classroom instruction, which is the dominant pedagogy for almost all first-year instruction. [...] Our data suggest that many women do not 'engage' pedagogically with a methodology that makes them feel strange, alienated, and 'delegitimated'"* (GUINIER *et al.*, 1994, p. 3-4).

[15] *"There is no excuse for the insults hurled by fictional socratic instructor – for example, the one who tells the flustered student he will never be a lawyer and tosses him a dime to telephone for ticket home. Though we can abbreviate the Socratic Method SM, it should not be sadistic for instructors or masochistic for students"* (AREEDA, 1996, p. 918).

objetivo central, buscando a construção de uma prática lógica que permita a todos os discentes a compreensão das informações discutidas.

Nedzel aponta para outra desvantagem que impõe ajustes para quem usa o método. Inicialmente o DS é de utilização lenta, como consequência consome uma parte preciosa do tempo de uma aula ou de um semestre. Como a técnica exige que o docente extraia alguns princípios legais do diálogo, os vínculos formados com os discentes não podem ser simplesmente abandonados. A dificuldade anterior pode ser agravada se o discente não estabelece um preparo prévio. Assim, uma uniformidade deve ser garantida pelo controle de que o grupo teve estímulos para conhecer o material preparado para a atividade. Um grupo de discentes não participativos pode dificultar o uso do DS (Nedzel, 2004, p. 21).

O DS apresenta um conjunto ferramental de fácil configuração e com potencial pleno para ser utilizado no ensino do Direito. Associado a outros mecanismos de ensino-aprendizagem, o DS pode construir muitas das habilidades esperadas para um bacharel.

As críticas estabelecidas ao DS podem ser superadas com o respeito aos parâmetros indicados anteriormente. Inobstante, o preparo e a aplicação exigem docentes e discentes integralmente dedicados à educação.

Considerações Finais

O DS é uma técnica de ensino-aprendizagem que utiliza meios dialógicos para construir o conhecimento. Na configuração mais singela, ele depende de uma interação entre atores que buscam lapidar informações de forma conjunta.

As impressões vulgares e mesmo as bem estabelecidas sobre o "mundo da vida" são testadas em uma interação enfática entre docentes e discentes. Os argumentos e contra-argumentos dos sujeitos envolvidos podem contribuir, no curso do diálogo, para decantar dados mais e menos relevantes para aquilo que se tem como objetivo. Também permite edificar informações de modo transverso e não pela via unidirecional do modelo de ensino mais usual.

Do ponto de vista do resultado produzido pela técnica, as descrições viscerais não trazem nenhuma facilidade para vida de discentes e docentes. O conhecimento não está armazenado como "verdade" dentro de cada um, mas os diversos olhares, tomados de forma cuidadosa, com o uso adequado do DS, produzem sínteses relevantes.

MÉTODOS DE ENSINO EM DIREITO

O DS tem vantagens e desvantagens que devem ser mensuradas. A sua aplicação está fortemente marcada por uma tendência que é de fortalecer argumentos já imaginados pelo docente, que muito interfere, ou por alunos com melhor qualidade na expressão verbal e argumentativa.

Não há nenhuma garantia de que o DS obtenha conclusões corretas sobre certos temas ou conteúdos. Ao contrário, o DS conduzido com propósitos espúrios pode construir a tirania dos argutos.

Como o DS trabalha com o ensino participativo, ele produz alterações nos envolvidos. Daí as críticas mais intensas ao desvirtuamento que o DS pode produzir.

O DS também envolve um forte conteúdo emocional, já que contunde à participação. O ambiente da sala de aula pode, para alguns, tornar-se um espaço desafiador, e para outros, um ambiente intolerável. Assim, a medida correta do uso do DS deve ser bem pensada e dimensionada em conjunto com outras metodologias em um programa de ensino.

Quando utilizado para o ensino do Direito, o DS representa uma oportunidade, já que fortalece nos discentes algumas das habilidades imaginadas para o bacharel.

Apesar de estar estruturado de forma relativamente aberta na sua materialização, o DS, respeitando os parâmetros indicados no texto, pode contribuir para a construção de uma excelente ferramenta de propósitos pedagógicos.

Referências

AREEDA, Phillip E. The Socratic Method. *Harvard Law Review*, v. 109, p. 911-922, 1996.

BENOIT, Hector. *Sócrates*: o nascimento da razão negativa. 2. ed. São Paulo: Moderna, 2006.

CICCHINO, Peter M. Love and the Socratic Method. *American University Law Review*, v. 50, p. 533-550, 2001.

DILLON, J. T. Paper chase and the Socratic Method of teaching law. *Journal of Legal Education*, v. 29, p. 529-535, 1980.

GUINIER, Lani *et al.* Becoming gentlemen: women's experiences at one ivy league law school. *University of Pennsylvania Law Review*, n. 1, v. 143, p. 1-110, nov. 1994.

MARSHALL, Donald G. Socratic Method and the irreducible core of legal education. *Minnesota Law Review*, v. 90, p. 1-17, 2006.

MOORE, Andrew. Conversion and the Socratic Method in legal education: some advice for prospective law students. *University of Detroit Mercy Law Review*, v. 80, p. 505-511, 2003.

NEDZEL, Nadia E. *Legal Reasoning, Research, and Writing for International Graduate Students*. New York: Aspen Publishers, 2004.

PÜSCHEL, Flávia Portella (Org.). *Organização das relações privadas*: uma introdução ao direito privado com métodos de ensino participativos. São Paulo: Quartier Latin, 2007.

REICH, Rob. The Socratic Method: what it is and how to use it in the classroom. Speaking of Teaching. *Stanford University Newsletter on Teaching*. v. 13, n. 1, p. 1-3, fall 2003.

SIRI, Aaron. *The Siri Method*: the formula for top law school grades with minimal effort and the shocking truth about American Legal Education. New York: Kay Cee Press, 2007.

SMITH, Kevin H. "X-File" Law School Pedagogy: keeping the truth out there. *Loyola University Chicago Law Journal*, v. 30, p. 27-85, 1999.

SOFISTE, Juarez Gomes. *Sócrates e o ensino da filosofia*: investigação dialógica: uma pedagogia para a docência de filosofia. Petrópolis: Vozes, 2007.

STUCKEY, Roy *et al. Best practices for legal education*: a vision and a road map. New York: Clinical Legal Education Association, 2007.

WILLIAMS, Susan H. Legal education, feminist epistemology, and the Socratic Method. *Stanford Law Review*, n. 6, v. 45, p. 1.571-1.576, jul. 1993.

4. Método do Caso

LUCIANA DE OLIVEIRA RAMOS
e VIVIAN CRISTINA SCHORSCHER

1. Conceituação Tradicional

O Método do Caso, na tradição norte-americana, é um instrumento didático que objetiva o ensino de habilidades voltadas para o desenvolvimento e a prática do raciocínio jurídico por meio da análise de decisões judiciais. Essa ferramenta didática enfatiza mais a fundamentação e os argumentos que embasam a solução proposta do que a resolução do caso em si, embora tenha sofrido alterações em sua conceituação ao longo da história.

2. Evolução Histórica e Prática do Método do Caso

2.1 A Concepção Tradicional

O Método do Caso consistia, originalmente, na análise de decisões judiciais por intermédio do Diálogo Socrático.[1] A idealização e o pioneirismo da utilização desse método no ensino jurídico são atribuídos a Christopher Columbus Langdell, não por ter inventado o aludido

---

[1] Para saber mais sobre a ferramenta didática do *diálogo socrático*, ver o capítulo "Diálogo Socrático", nesta obra.

MÉTODOS DE ENSINO EM DIREITO

método, mas por tê-lo introduzido no ensino universitário do Direito por meio do estudo e da discussão dos chamados *cases*[2] em seu curso de contratos na *Harvard Law School*.

A utilização dos *cases* estava em consonância com a expansão da cientificidade que, à época, era observada nos cada vez mais numerosos laboratórios de ensino e pesquisa das ciências naturais e biológicas (HALL, 1955-1956, p. 99). Langdell buscava demonstrar que o Direito era uma ciência assim como as demais e que, por tal razão, deveria ser estudado com base nos mesmos critérios científicos a elas aplicados. O ensino em laboratórios, que então já se tornara a regra nos estudos das ciências naturais, permitia que, a partir da experimentação e da observação, os estudantes chegassem indutivamente a generalizações. Para Langdell, era assim que o Direito deveria ser ensinado, pois a observação e a análise das decisões judiciais viabilizariam a construção indutiva do raciocínio jurídico (PATTERSON, 1951-1952, p. 3-5).

O Método do Caso, portanto, se colocava como um método genuinamente científico de ensino do Direito (PATTERSON, 1951-1952, p. 2), ramo de conhecimento formado por princípios e teorias que, segundo Langdell, estavam presentes nas decisões judiciais. Assim, para ensinar aos seus alunos o método analítico que possibilitava o aprendizado do sistema jurídico, utilizava-se dos chamados *casebooks*, que nada mais eram do que coletâneas de decisões judiciais por ele rigorosamente selecionadas de acordo com os objetivos de cada disciplina.

Nessa perspectiva, o principal objetivo didático de um curso jurídico era habilitar o estudante a raciocinar juridicamente a partir de decisões judiciais – compiladas nos *casebooks* – das quais era extraído o Direito aplicável a todos os casos semelhantes que se colocassem aos futuros juristas. Dado que nos sistemas de *common law* – como o dos Estados Unidos da América – a decisão judicial é uma importante fonte do Direito, esse método de ensino ganha relevância ainda maior no contexto em que foi criado.

Essa inovação no ensino jurídico data de aproximadamente 1870 (PATTERSON, 1951-1952, p. 2) e surgiu com a finalidade de substituir os métodos tradicionais usados até então em sala de aula, entre os quais se destaca o ensino enciclopédico do Direito, pautado na leitura de

---

[2] Os *cases* correspondem às decisões judiciais selecionadas para discussão em sala de aula.

MÉTODO DO CASO

manuais que apresentavam os princípios do *common law* e as grandes doutrinas. Segundo Langdell, a metodologia de ensino utilizada no final do século XIX não capacitava os estudantes para a compreensão do sistema jurídico como um todo, nem os habilitava a raciocinar como advogados.

Um dos principais motes dessa reforma foi a ênfase na participação do aluno em sala de aula como elemento imprescindível ao aprendizado. Essa participação era estimulada pelas discussões acerca dos *cases*, que seguiam o método do diálogo socrático: o professor convidava um aluno a apresentar oralmente para a turma um resumo do *case* (ou *cases*) anteriormente lido por todos como preparação para os debates que seriam realizados; em seguida, questionava os alunos sobre os fatos e problemas jurídicos nele contidos. As provocações do professor eram formuladas com vistas a levar os estudantes a confrontar e a questionar as suas próprias certezas, e a obrigá-los a analisar detidamente os fatos e a argumentação desenvolvida nos *cases* (CHASE, 1981, p. 334).

A avaliação normalmente se dava por meio de uma prova escrita, na qual se exigia que o estudante fizesse, individualmente, a análise de um *case*, tendo como foco a identificação dos fundamentos utilizados para embasar as decisões judiciais apresentadas (BURMAN, 2001, p. 130). O raciocínio jurídico do estudante era avaliado tanto do ponto de vista da compreensão dos fatos narrados como da correta utilização dos conceitos jurídicos extraídos do *case*, além da consistência da sua argumentação.

Em virtude da maior participação do estudante em sala de aula, a atuação do professor também foi modificada: o seu papel deixou de ser tão predominante quanto era na aula expositiva. De acordo com o método introduzido nos cursos de Direito por Langdell, o papel do professor não consistia mais em simplesmente transmitir conteúdos jurídicos. Incumbia ao docente incentivar o estudante a buscar tais conteúdos por meio do estudo e ensinar-lhe como efetuar essa busca (BARNES, CHRISTENSEN e HANSEN, 1987, p. 49).

Essa é a acepção original do Método do Caso, que, após ter sofrido forte rejeição inicial, tornou-se hegemônico nas universidades norte-americanas a partir de 1920, pelo menos, embora tenha sido objeto de inúmeras variações, principalmente ao longo das últimas décadas. Por essa razão, afirma-se que não há um único Método do Caso, mas, sim, "Métodos do Caso".

2.2 O Método do Caso nas Escolas de Administração e Economia

Nas escolas norte-americanas de Administração e Economia surgiu uma concepção diferente, mas muito influenciada pelo Método do Caso, após constatados os seus resultados positivos na formação dos juristas em comparação ao tradicional ensino enciclopédico.

O Método do Caso também foi por elas incorporado com a intenção de que os *cases* funcionassem como uma espécie de laboratório, sendo este ligeiramente diferente do "laboratório" de Langdell. O objetivo, aqui, era que os estudantes aprendessem a tomar decisões estratégicas para solucionar problemas reais enfrentados por empresas.

A aplicação do Método do Caso ocorria da seguinte maneira: administradores eram convidados a narrar aos estudantes os problemas reais que enfrentavam nos seus negócios (BARNES, CHRISTENSEN e HANSEN, 1987, p. 43). Após analisar o problema, os alunos traziam relatórios escritos em que apontavam soluções estratégicas para, em seguida, discuti-las com o administrador. Posteriormente, os casos passaram a ser escritos, descrevendo um momento de sérias dificuldades já enfrentadas por uma empresa, englobando não só aspectos econômicos, mas também fatores outros que os seus executivos tiveram que considerar no momento decisório, desde dados técnicos e típicos da indústria na qual a empresa em questão estava inserida até observações psicológicas e sociológicas (BARNES, CHRISTENSEN e HANSEN, 1987, p. 43-44). Cabia, então, aos estudantes discutir possíveis estratégias em grupo e apresentar um plano de ação para que a crise pudesse ser resolvida.

Percebe-se, assim, uma importante diferença entre o Método do Caso em sua acepção original e o Método do Caso adaptado às necessidades das escolas de Administração e Economia no que diz respeito aos seus objetivos: no ensino do Direito, busca-se ensinar o aluno a raciocinar juridicamente a partir da análise da fundamentação desenvolvida nas decisões judiciais, ao passo que, no ensino da administração de empresas, busca-se capacitá-lo para a tomada de decisões estratégicas e a criação de planos de ação (PÜSCHEL, 2007, p. 33).

Outra distinção existente entre os dois conceitos de Método do Caso apresentados até aqui é a ideia de *case*. Na acepção tradicional, são as decisões judiciais proferidas em sede de recurso. Nas escolas de Administração e Economia, por sua vez, o *case* refere-se a um texto que compila problemas reais enfrentados por empresas.

O Método do Caso desenvolvido nas escolas de Administração e Economia merece destaque porque, passado algum tempo, esse modelo foi reestruturado e reabsorvido pelas escolas de Direito, o que ensejou a ampliação do conceito tradicional de Método do Caso, bem como o desenvolvimento de outro método para o ensino jurídico.[3]

3. Algumas Vantagens do Método do Caso

Esse método, para alguns autores, propicia ao estudante o aprendizado por meio de suas experiências pessoais, desenvolvendo a capacidade de construir um raciocínio jurídico e sistematizar ideias de modo independente, além de estimular o seu senso crítico (GIL, 2006, p. 183; PATTERSON, 1951-1952, p. 21).

A análise de decisões judiciais também permite ao estudante familiarizar-se com a linguagem e o vocabulário jurídico utilizados pelas instâncias julgadoras. Possibilita, ainda, dentre outros fatores, examinar como foram construídos os argumentos, verificar se há trechos meramente retóricos, se prevalece a fundamentação jurídica, se há coerência entre os argumentos apresentados e a decisão final.

Ademais, considera-se o Método do Caso um método instigante (PATTERSON, 1951-1952, p. 21), porque o exame de situações reais discutidas nas decisões judiciais aproxima o estudante da aplicação do Direito em casos concretos. Saber como os tribunais decidem sobre determinados conceitos teóricos é uma constante curiosidade dos estudantes, pois a partir dessa análise eles podem verificar como determinado tema estudado em sala de aula tem sido enfrentado pelo Judiciário. E o método em questão se mostra, ainda, eficaz ao apresentar como um conflito de direitos, discutido hipoteticamente em classe, se coloca e é resolvido na prática.

4. Principais Críticas Feitas ao Método do Caso

Críticas diversas foram apresentadas a esse método de ensino ao longo do século que se passou desde o seu transbordamento para além das salas de aula de Langdell. Inicialmente, concentravam-se em torno do argu-

---

[3] Trata-se do *Problem-Based Learning*, abordado no capítulo de Thomaz Henrique Junqueira de Andrade Pereira, nesta obra.

MÉTODOS DE ENSINO EM DIREITO

mento de que o Método do Caso não permitia ensinar aos alunos todos os conteúdos das diversas áreas do Direito. Hoje ainda se argumenta que a aula expositiva é mais propícia para (i) introduzir um tema ainda não estudado pelos alunos; (ii) resumir uma questão ao final de sua discussão; (iii) transmitir informação; (iv) proporcionar uma noção preliminar de determinadas ideias gerais; e (v) sistematizar o conhecimento sobre um tema. Contudo, não necessariamente se pode afirmar que o Método do Caso não permita realizar esses mesmos objetivos. Vale destacar que, muitas vezes, aspectos problemáticos de interesses coletivos e individuais podem ser transmitidos de modo particularmente claro com o Método do Caso (HALL, 1995-1956, p. 101).

Ainda na comparação entre o Método do Caso e a aula expositiva, destaca-se que a frequência voluntária dos estudantes das instituições em que o Método do Caso predomina é muito mais elevada do que onde se leciona por meio de exposições ou palestras, o que se explica pelo fato de que os alunos consideram essas últimas enfadonhas, ao passo que as aulas em que predomina o primeiro método são descritas como desafiadoras, dramáticas e envolventes (HALL, 1995-1956, p. 103).

Face ao desenvolvimento do *Problem-Based Learning* e particularmente diante das alterações que o formato inicial do Método do Caso sofreu nas escolas de Economia e Administração, surgiram outras críticas, as quais podem ser tidas como mais contundentes do que a mencionada anteriormente.

A mais frequente entre elas consiste no argumento de que, ao contrário do que sustentam os defensores da modalidade do Método do Caso, ela não ensina os alunos a "pensarem como advogados". Aqueles que se utilizam desse argumento afirmam que a atividade relacionada ao Método do Caso, de analisar decisões judiciais minuciosamente a fim de identificar princípios, normas e argumentos utilizados e rebatidos, raramente é levada a efeito dessa maneira na prática advocatícia. O recurso do advogado a decisões judiciais geralmente ocorre com o intuito de embasar a defesa da tese do cliente, representando apenas uma entre várias ferramentas empregadas para resolução do problema que lhe foi apresentado (MOSKOVITZ, 2003-2004, p. 1.214).

Outra crítica significativa afirma que a amplamente divulgada análise jurídica realizada por meio do Método do Caso não passa de simples articulação resumida das posições ocupadas pelas partes em um processo,

MÉTODO DO CASO

e seus argumentos jurídicos contrapostos. Tal exercício seria de fácil resolução, ao contrário do que ocorre na prática advocatícia, em que são grandes as dificuldades e os problemas enfrentados ao se lidar com as situações trazidas pelos clientes, já que estes não costumam descrever aos seus advogados os problemas que enfrentam de modo a demonstrar claramente quem são os seus adversários (que, frequentemente, não reconhecem como tais) e nem quais as questões jurídicas envolvidas no conflito, diferentemente do que é encontrado em decisões judiciais (KERPER, 1998, p. 1-2).

Além disso, afirma-se que o Método do Caso tende a enfatizar um olhar para o passado, isto é, visa a analisar o que já aconteceu ao invés de discutir o que pode ser feito em uma dada situação, enfatizando-se, assim, o papel do advogado como investigador em um modelo adversarial, e não o papel de consultor na prevenção de embates judiciais. Contudo, partindo-se do pressuposto de que o Método do Caso exige dos alunos uma minuciosa preparação, a discussão a ser travada em classe poderá ser muito mais ampla e, com isso, permitir que os problemas jurídicos do caso analisado sejam dele destacados, conforme o foco atribuído pelo professor à aula em questão (HALL, 1995-1956, p. 103).

Por fim, tendo o Método do Caso surgido nos países de tradição jurídica do *common law*,[4] costuma-se afirmar que sua aplicação se dá apenas em sistemas como esse, fortemente marcados pelo "apego aos precedentes". Outra explicação para tal crença é a concepção de que o Método do Caso tem por escopo ensinar o estudante a aplicar os precedentes jurisprudenciais, o que não faria sentido em sistemas jurídicos cuja fonte principal seja a lei, e não a jurisprudência. Essa crítica deixa de considerar, entretanto, que o Método do Caso não visa a ensinar como utilizar os precedentes, mas, sim, proporcionar ao aluno o desenvolvimento do raciocínio jurídico, a partir do conhecimento da linguagem e argumentação contidas nas decisões judiciais.

5. Reação às Críticas

Mais recentemente, surgiu uma nova formulação também denominada de Método do Caso, desenvolvida por programas didáticos das universi-

---

[4] No sistema de *common law* é importante destacar o mecanismo do *stare decisis*, que confere aos precedentes uma força vinculativa que assegura que um caso futuro análogo ao precedente venha a ser decidido da mesma forma.

dades Stanford e Harvard, tendo em vista tanto a experiência das escolas norte-americanas de Administração e Economia quanto as críticas aqui ponderadas.

Nessa acepção mais moderna, são apresentados casos que não isolam a realidade jurídica dos fatores econômicos, sociais e políticos a que estão atrelados. Os casos do programa de Stanford correspondem a narrativas que descrevem situações marcadas por toda a complexidade inerente aos eventos da vida real.

Houve, portanto, uma modificação na conceituação do método, mais especificamente no que concerne ao seu objeto de estudo: o caso deixa de ser uma mera decisão judicial e passa a corresponder a uma narrativa de fatos reais a partir da qual os estudantes devem extrair o Direito e as normas aplicáveis, sem que os aspectos extrajurídicos necessariamente envolvidos sejam deixados de lado.

Ademais, nessa versão do Método do Caso, a reflexão jurídica não se esgota no raciocínio dogmático, sendo também relevante o raciocínio estratégico. Tal definição, contudo, aproxima-se muito do *Problem-Based Learning*, chegando a confundir-se com ele.[5] Para evitar confusões indevidas entre métodos com objetivos didáticos distintos, propõe-se, a seguir, uma possível definição de Método do Caso aplicável ao ensino jurídico brasileiro.

6. O Método do Caso e o Ensino Jurídico no Brasil

As perguntas que ora se colocam são: i) esse método pode contribuir para o ensino do Direito no Brasil, já que nosso sistema jurídico tem como fonte principal a lei, e não a decisão judicial?; e ii) em caso afirmativo, quais são as suas limitações?

Considerando-se que o objetivo do Método do Caso é habilitar o aluno a desenvolver o raciocínio jurídico, a partir da leitura e análise da argumentação contida nas decisões judiciais, a natureza inerente ao *civil law*

---

[5] Tanto o Método do Caso quanto o *Problem-Based Learning* são válidos e necessários porque apresentam objetivos didáticos diversos e desenvolvem competências e habilidades específicas nos estudantes, complementando-se reciprocamente. Por essa razão, sua distinção conceitual e prática é útil. Para saber mais sobre a ferramenta didática do *Problem-Based Learning*, ver o capítulo de Thomaz Henrique Junqueira de Andrade Pereira, nesta obra.

MÉTODO DO CASO

não seria um problema. O que ocorre, no entanto, é a dificuldade de encontrar, no Direito brasileiro, os casos paradigmáticos relativos a determinado assunto, pois a noção de jurisprudência nos nossos tribunais ainda não é muito clara (VEIGA DA ROCHA, 2004, p. 121). Dessa forma, caberia ao professor, durante a preparação da aula, realizar ampla pesquisa jurisprudencial acerca de um tema e, após ler todos os casos encontrados, decidir qual das decisões é capaz de propiciar aos alunos o desenvolvimento do raciocínio jurídico de modo mais eficaz. Alternativamente, o docente pode simplesmente optar por utilizar em sua aula aquelas decisões cujo conteúdo considere útil para seus objetivos didáticos. Essa possibilidade encontra respaldo inclusive nos *case books* norte-americanos, que hoje também já não mais concentram apenas casos paradigmáticos, mas abrem espaço a casos variados para que os alunos exercitem seu raciocínio jurídico.

Ademais, é conveniente evitar decisões que envolvam temas muito complexos do ponto de vista técnico, especialmente se o Método do Caso for aplicado aos primeiros semestres do curso de Direito. Como os objetivos desse método se limitam à análise e ao desenvolvimento do raciocínio jurídico, não há motivo para apresentar aos estudantes uma decisão que envolva questões jurídicas excessivamente complexas e que apenas serão estudadas nos últimos semestres do curso. Ao invés de despertar o interesse do aluno para a leitura do caso, isso os desmotivaria, prejudicando o bom andamento da aula.

Particularmente, com relação à definição do Método do Caso considerada mais adequada ao ensino do Direito nos países cujo sistema jurídico seja de *civil law*, é necessário que o aluno aprenda a compreender e a utilizar o vocabulário e a argumentação típicos dos tribunais (judiciais e administrativos), razão pela qual optou-se por uma conceituação relativamente restritiva deste método de ensino. O Método do Caso, no contexto dos países cuja fonte do Direito é a lei, tem uma definição distinta da norte-americana. Ela não se restringe à mera extração de princípios e normas jurídicas de decisões judiciais, tampouco abrange toda a formulação estratégica pretendida nas escolas de Administração e Economia.[6]

---

[6] Essa abrangência pode ser encontrada no *Problem-Based Learning*.

MÉTODOS DE ENSINO EM DIREITO

É razoável considerar que o Método do Caso, no contexto nacional, tem por objeto a análise de decisões judiciais ou administrativas proferidas em casos reais, cuja leitura prévia constitui pressuposto básico para a discussão em sala de aula acerca dos casos indicados, que pode ser feita na modalidade do diálogo socrático ou desenvolvida por meio de simulações,[7] seminários[8] ou debates.[9] Alternativamente, também é possível conceber a realização de exercícios com o mesmo objetivo em atividades extraclasse, devendo, nesse caso, ser entregues relatórios elaborados individualmente ou em grupo.

A aplicação desse método, portanto, tem como objetivo didático primordial levar o aluno a compreender o raciocínio e o vocabulário jurídicos por meio da análise, interpretação e crítica dos argumentos identificados nas decisões. O enfoque, portanto, reside na confrontação dos argumentos e no exame do raciocínio jurídico desenvolvido para se chegar à decisão final (SIMÕES, 2004, p. 286).

Finalmente, é importante destacar que não se pretende que essa definição de Método do Caso seja única, estanque ou imutável, cabendo aos educadores aplicá-lo de acordo com as peculiaridades de suas disciplinas e objetivos didáticos específicos (seja da aula isolada, seja do curso como um todo), uma vez que a metodologia de ensino necessariamente deve manter-se em evolução de acordo com a realidade contemporânea ao ensino, a fim de que sejam incorporadas inovações metodológicas capazes de estimular o interesse dos estudantes no objeto de estudo.

Referências

BARNES, Louis B.; CHRISTENSEN, C. Roland; HANSEN, Abby J. *Teaching and the case method*. 3. ed. Boston: Harvard Business School, 1987.

BURMAN, John M. Oral Examinations as a method of evaluating law students. *Journal of Legal Education*, n. 1, v. 51, p. 130-140, março 2001.

CHASE, Anthony. Origins of modern professional education: the Harvard case method conceived as clinical instruction in law. *Nova Law Journal*, v. 5, p. 323-363, 1981.

---

[7] Para mais informações acerca das simulações, ver capítulo de Daniela Monteiro Gabbay e Lígia Paula Pires Pinto Sica, nesta obra.

[8] Para saber mais sobre a ferramenta didática do Seminário, ver capítulo de Ana Mara França Machado e Catarina Helena Cortada Barbieri, nesta obra.

[9] Sobre os debates, ver capítulo de Daniel Monteiro Peixoto, nesta obra.

GIL, Antonio Carlos. *Didática no ensino superior*. São Paulo: Atlas, 2006.

HALL, Jerome. Teaching law by the case method and lecture. *Society of Public Teachers of Law*, 1955-1956.

KERPER, Janeen. Creative problem solving vs. the case method: a marvelous adventure in ahich Winnie-the Pooh meets Mrs. Palsgraf. *California Western Law Review*, Primavera de 1998.

MOSKOVITZ, Myron. From case method to problem method: the evolution of a teacher. *Saint Louis University Law Journal*, v. 48, 2003-2004.

PATTERSON, Edwin W. The Case Method in american legal education: its origins and objectives. *Journal of Legal Education*, n. 4, 1951-1952.

PÜSCHEL, Flavia Portella. *Organização das relações privadas*: uma introdução ao direito privado com métodos de ensino participativos. São Paulo: Quartier Latin, 2007.

SIMÕES, Sandro Alex de Souza. O método do caso como alternativa para o ensino do direito no Brasil: virtudes, problemas e desafios. *In:* Anuário Abedi: Associação Brasileira de Ensino do Direito, v. 2, p. 279-298, 2004.

VEIGA DA ROCHA, Jean Paul Cabral. *A capacidade normativa de conjuntura no Direito Econômico*: o déficit democrático da regulação financeira. Tese (Doutorado em Direito) – Faculdade de Direito da Universidade de São Paulo, São Paulo, junho de 2004.

5. *Problem-Based Learning* (PBL)

THOMAZ HENRIQUE JUNQUEIRA DE ANDRADE PEREIRA

1. Definição

1.1 Em Busca de uma Taxonomia Adequada

O *Problem-Based Learning* (PBL) – aprendizagem por meio de problemas – foi desenvolvido como uma técnica de ensino na década de 1950 no âmbito da educação médica, e desde então foi refinado e implementado em diversas faculdades de Medicina como um substituto da tradicional técnica da aula expositiva (SAVERY e DUFFY, 1996, p. 140).[1]

Sua adoção nos cursos de Direito se deu no contexto das críticas às técnicas de ensino tradicionais, as quais, segundo seus críticos, não seriam capazes de desenvolver as habilidades esperadas de um bacharel em Direito.

Na América Latina tal crítica é direcionada à técnica da aula expositiva, a qual, apesar de eficiente para a transmissão de grande número de conteúdos em um curto espaço de tempo, não seria capaz de desenvolver a habilidade do raciocínio crítico, essencial a qualquer profissional do Direito.

---

[1] Recentemente algumas faculdades de Medicina brasileiras reestruturaram seus currículos de forma a adotar o PBL como técnica de ensino.

Nos Estados Unidos o alvo é o tradicional Método do Caso lang-delliano, concentrando-se na discussão e análise de decisões exaradas em sede de recursos, criticado por ser uma ferramenta capaz de desenvolver apenas o raciocínio analítico retrospectivo, negligenciando o desenvolvimento da habilidade de raciocínio prospectivo, essencial a qualquer profissional do Direito.[2]

Mas *Problem-Based Learning* é um termo muitas vezes utilizado para fazer referência às mais variadas técnicas de ensino que utilizam problemas como parte do processo de aprendizagem (KURTZ, WYLIE e GOLD, 1990, p. 797). Nesse sentido, em "A taxonomy of problem-based learning", Howard Barrows (1986, p. 482-484) enumera seis deferentes variedades de tal técnica: (i) *lecture-based cases*, (ii) *case-based lecture*, (iii) *case method*,[3] (iv) *modified case method*, (v) *problem-based* e (vi) *reiterative problem-based*.

As seis diferentes variedades de *Problem-Based Learning* descritas na "taxonomia" de Barrows têm em comum a utilização de problemas como um recurso para o ensino do Direito, diferindo, no entanto, quanto à centralidade dessa ferramenta para a técnica em questão e quanto à estratégia de condução da análise do problema.

As duas primeiras espécies descrevem técnicas em que a exposição é a ferramenta central, enquanto os problemas – fornecidos durante a aula, no caso de *lecture-based cases*, ou antes dela, no caso de *case-based lecture* – são utilizados apenas como exemplos do que se está expondo ou como pretextos para o desenvolvimento de conteúdos.

As quatro variedades restantes podem ser descritas como técnicas em que a ferramenta central é a análise de casos complexos – reais ou hipotéticos –, que envolvam elementos jurídicos e não jurídicos, diferindo apenas quanto ao papel do aluno na condução e construção dos objetivos didáticos a serem desenvolvidos.

---

[2] Quanto aos objetivos, críticas e vantagens do *case method*, ver o capítulo "Método do Caso", nesta obra.

[3] Barrows utiliza o termo *case* de maneira diferente daquela em que ele é entendido no âmbito do ensino do Direito. Para ele, *case method* implica na atribuição de um problema aos alunos para uma subsequente discussão em sala de aula. O que Barrows denomina de *case method* descreve mais adequadamente aquilo que os juristas chamam de *problem method*. Por tal motivo, no restante do texto utilizaremos o termo *problem method* para designar o que Barrows chama de *case method*, reservando o termo *case method* para nos referirmos à técnica de ensino originado por Langdell (KURTZ, WYLIE e GOLD, 1990, p. 798).

PROBLEM-BASED LEARNING (PBL)

Dessa forma, enquanto no *problem method* os alunos recebem uma descrição completa do problema a ser discutido em sala de aula, no *modified problem method* são distribuídas apenas informações parciais, cabendo aos alunos pesquisar dados adicionais. Já no *problem-based method* os alunos devem desenvolver por si mesmos toda a pesquisa necessária e têm total liberdade para tomar decisões quanto à condução do problema, da mesma forma que um advogado normalmente faria em uma situação real, sendo o formato mais realista de aplicação dessa técnica aquele que utiliza a ferramenta da simulação. Por fim, o *reiterative problem-based method* seria uma extensão do *problem-based method*, em que se requer que os próprios alunos revisem e avaliem os recursos e as estratégias utilizadas por eles para a análise do problema (KURTZ, WYLIE e GOLD, 1990, p. 797-799).

Essa taxonomia elaborada por Barrows, no entanto, em sua preocupação em ser, por um lado, extremamente abrangente e, por outro, de distinguir precisamente as variações quanto às formas de aplicação do *Problem-Based Learning*, acaba por aglutinar sob a mesma rubrica técnicas tão diferentes quanto aulas expositivas que utilizem problemas de maneira exemplificativa e simulações desenvolvidas a partir de um problema complexo.

Por tal motivo, em nosso esforço de definir em que consiste essencialmente o *Problem-Based Learning*, concluímos ser mais adequado: (i) incluir as variedades de *lecture-based cases* e *case-based lecture* como espécies de aulas expositivas; (ii) considerar que as hipóteses de *modified problem method*, situando-se na penumbra entre o *problem method* e o *problem--based method* – conforme o grau de informações dadas e a necessidade/liberdade de pesquisa –, poderiam ser enquadradas, no caso concreto, em uma dessas duas outras categorias; e (iii) descrever o *reiterative problem-based method* como uma extensão da aplicação do *problem-based method*,[4] e não como uma variedade metodológica autônoma.

Assim, diante de tais opções classificatórias, restariam apenas duas "verdadeiras" variedades de *Problem-Based Learning*: (a) *problem method* e (b) *problem-based method*.

---

[4] Kurtz, Wylie e Gold (1990, p. 799) descrevem essa variedade como "uma extensão do *problem-based method*".

MÉTODOS DE ENSINO EM DIREITO

1.1.1 *Problem Method*

O *problem method* pode ser adequadamente descrito como uma técnica em que se espera que o aluno foque seu estudo em um problema colocado pelo professor, sendo sua tarefa desenvolver uma solução para ele com base em quaisquer materiais disponíveis. Quanto à forma de sua aplicação, ela poderia ser dividida em três partes: (i) atribuição aos alunos de um problema descrito, (ii) utilização da aula ou de outros materiais para resolver o problema, (iii) discussão das soluções encontradas em sala de aula (OGDEN, 1984, p. 654-655).

Definido de tal maneira, o *problem method* seria, "ironicamente", sinônimo do que as faculdades de Administração chamam de *case method*, uma vez que tais *cases* nada mais são do que descrições de fatos sobre uma determinada situação-problema, os quais devem ser estudados previamente pelos alunos para uma posterior discussão em sala de aula (MOSKOVITZ, 1992, p. 247).[5]

1.1.2 *Problem-Based Method*

O *problem-based method* é caracterizado por, em sua aplicação, os alunos desenvolverem um papel mais central na condução de seu próprio aprendizado do que aquele descrito quanto ao *problem method*. Isso se dá porque objetivos didáticos não são determinados pelo professor, devendo ser gerados a partir da análise do problema pelos próprios alunos, os quais são compreendidos como construtores de seu próprio conhecimento em um contexto similar àquele em que eles deverão aplicá-lo futuramente (SAVERY e DUFFY, 1996, p. 145).

Dessa maneira, o *problem-based method* tem como foco, mais do que o ensino de determinados conteúdos, o desenvolvimento da habilidade específica da resolução de problemas em um determinado campo de conhecimento. Seu objetivo não se limita à mera transmissão de conhecimentos, mas seria o desenvolvimento de processos metacognitivos relacionados aos fins de (i) aprendizagem autodirecionada, (ii) conhecimento de conteúdos e (iii) habilidade de resolução de problemas (SAVERY e DUFFY, 1996, p. 143).

---

[5] Quanto à aplicação do *case method* nas escolas de Administração e sua influência no ensino do Direito, ver o capítulo "Método do Caso".

PROBLEM-BASED LEARNING (PBL)

Descrito dessa maneira, o *problem-based method* difere de uma variedade de abordagens pedagógicas baseadas em problemas, pois, nele, o problema não é utilizado (i) para testar a compreensão dos alunos, (ii) como um exemplo concreto do que se pretende ensinar, (iii) como um mero pretexto para o desenvolvimento e a aprendizagem de conteúdos, (iv) como material para o desenvolvimento de um Diálogo Socrático em que o objetivo é levar os alunos a "descobrirem" a resposta que o professor deseja (SAVERY e DUFFY, 1996, p. 145-146).

1.2 Conceito

Tendo em vista o caráter histórico da construção das técnicas de ensino, as quais não costumam ser o resultado de uma elaboração abstrata, mas a consolidação de práticas didáticas que em um determinado momento passam a ter autonomia digna de um nome específico, a conceituação das diferentes técnicas costuma ser formulada com maior – por vezes mesmo exclusivo – ou menor enfoque no "objeto" e na "forma de condução" da aula.

Optando-se por uma conceituação que, por um lado, não tenha como foco exclusivo a utilização de problemas como objeto didático e, por outro, não se concentre demasiadamente na forma de condução da aula, capaz de criar diferenciações entre "técnicas" que, apesar de variações quanto à forma de aplicação – capazes de gerar diferenças quanto ao grau de alcance de seus objetivos didáticos –, tenham a mesma ferramenta estratégica central, o *Problem-Based Learning* poderia ser definido como técnica de ensino que tem como ferramenta central a análise de casos complexos, reais ou hipotéticos, que envolvam elementos jurídicos e não jurídicos.

De tal forma, o *Problem-Based Learning* é aqui entendido como o gênero, do qual o *problem method* e o *problem-base method* são espécies, diferindo tais modalidades entre si, não quanto ao objeto e à estratégia didática central, mas apenas quanto à forma de aplicação.

Quanto a tal opção, é importante noticiar que, especialmente em vista da influência da utilização do termo *case* pelas escolas de Administração com o sentido do que neste capítulo foi conceituado como "problema", na tradição pedagógica recente há autores que preferem utilizar uma conceituação de *case* menos estrita do que a clássica definição langdelliana, o que acabaria por abranger o que aqui foi denominado de *problem method* como uma variação do Método do Caso (VANZELLA, 2007, p. 102-105).[6]

Da mesma maneira, há autores que identificam *Problem-Based Learning* com o que aqui foi denominado de *problem-based method*, dando mais ênfase do que parece ser adequado à forma de condução da análise e resolução do problema como elemento definidor dessa técnica (ROA, 2002, p. 3-5).[7]

Considerando o *problem method* e o *problem-based method* como espécies do gênero *Problem-Based Learning*, esse último se caracterizaria como uma técnica que tem o aluno como elemento central de sua abordagem – professores são entendidos mais como facilitadores do que como disseminadores –, e problemas complexos como seu objeto central, os quais servem de estímulo inicial e baliza da aprendizagem (CENTER FOR TEACHING AND LEARNING, 2001, p. 1).

2. Avaliação

2.1 Vantagens

A bibliografia sobre *Problem-Based Learning* se caracteriza por ser extremamente elogiosa sobre as vantagens dessa técnica, especialmente em comparação com aquelas que seriam as desvantagens de uma educação exclusivamente desenvolvida por meio do Método do Caso.

De maneira geral, a principal vantagem decorrente da adoção da técnica do *Problem-Based Learning* estaria em que ela (i) seria capaz de treinar os alunos de Direito a pensar como advogados, aqui entendidos como "resolvedores" de problemas jurídicos. Nesse sentido, o *Problem--Based Learning* se assemelharia à maneira com que os profissionais do Direito encaram e abordam seu objeto de trabalho, uma vez que, em

---

[6] Para uma conceituação de *case method*, ver o capítulo "Método do Caso".

[7] Para aqueles que, identificando "problemas" e "casos", entendem o *problem method* como uma variante do Método do Caso, esse entendimento seria natural, uma vez que a exclusão daquele do gênero do *Problem-Based Learning* transformaria esse último em gênero de uma só espécie, identificando-se, consequentemente, um *Problem-Based Method* e um *Problem--Based Learning*.

PROBLEM-BASED LEARNING (PBL)

geral, estes são apresentados a situações em que elementos jurídicos e não jurídicos se misturam e cuja solução deverá ser encontrada por meio de pesquisa desenvolvida com grande autonomia e liberdade. De tal forma, os estudantes devem encontrar suas próprias soluções em vez de memorizar as respostas de outrem (HAWKINS-LEÓN, 1998, p. 8; KERPER, 1997-1998, p. 353; MOSKOVITZ, 1992, p. 241; OGDEN, 1984, p. 662; WARD, 1958-1959, p. 101).

Vantagens adicionais seriam, ainda, o desenvolvimento da habilidade de (ii) aplicação da jurisprudência existente a novas situações concretas, uma vez que esse seria um requisito essencial para se desenvolver soluções para questões jurídicas. A necessidade de desenvolver estratégias de atuação para resolver problemas complexos (iii) fomentaria, ainda, as habilidades de planejamento e aconselhamento (HAWKINS-LEÓN, 1998, p. 8; OGDEN, 1984, p. 662).

Além disso, o caráter complexo dos problemas, os quais, reais ou não, são formados por elementos jurídicos e não jurídicos, (iv) aumentaria o âmbito de questões que devem ser consideradas pelos alunos e estimularia a interdisciplinaridade, permitindo uma adequada integração entre materiais legais e materiais extrajurídicos – como economia, psicologia ou sociologia (OGDEN, 1984, p. 663).

Em oposição ao Método do Caso, a utilização de problemas (v) permitiria a discussão de diplomas legislativos intrincados e de questões jurídicas em áreas em que a jurisprudência é esparsa ou inexistente, bem como o trato com temas não abordados pelos casos judiciais que existam, ao mesmo tempo em que (vi) estimularia o interesse dos alunos (OGDEN, 1984, p. 663-664).

Uma vantagem final seria (vii) a possibilidade de se testar constantemente a compreensão dos alunos, bem como o desenvolvimento das habilidades em questão (HAWKINS-LEÓN, 1998, p. 9; WARD, 1958-1959, p. 101).

2.2 Desvantagens

Como qualquer outra técnica de ensino, *Problem-Based Learning* não apresenta apenas vantagens para o aprendizado, trazendo também certas dificuldades e limitações.

Dentre elas, quanto aos aspectos estruturais necessários para sua implementação, a natureza necessariamente complexa dos problemas (i)

MÉTODOS DE ENSINO EM DIREITO

exige que o professor dedique mais tempo com a preparação das aulas do que em geral é necessário para a preparação de uma exposição ou da análise de um determinado precedente. Além disso, como a adequada condução da técnica exige participação dos alunos e grande interação com o professor em seu papel de fomentador do aprendizado, sua aplicação (ii) necessita de salas pequenas (menos de 40 alunos), o que é mais custoso para a instituição (OGDEN, 1984, p. 664-665).

Outra desvantagem apontada é o fato de que a discussão de problemas em sala de aula (iii) permite que menos material do programa seja coberto, uma vez que uma aula inteira, ou mesmo mais, pode ser dedicada à discussão e apresentação de possíveis soluções de um único problema (OGDEN, 1984, p. 665).

A essa crítica poder-se-ia acrescentar que, no caso do *problem based method* (espécie de *Problem-Based Learning*) nem mesmo os objetivos didáticos a serem desenvolvidos são determinados pelo professor, uma vez que a grande liberdade dada aos estudantes permite que eles mesmos, escolhendo a abordagem por que pretendem solucionar o problema apresentado, estabeleçam seus próprios objetivos.

Por fim, aponta-se como desvantagem dessa técnica (iv) o fato de ser menos do que as clínicas, em que os alunos devem enfrentar problemas e clientes reais como verdadeiros advogados, e não apenas *comportando--se* como tais (OGDEN, 1984, p. 666).[8]

Conclusão

De maneira geral, a bibliografia a respeito de *Problem-Based Learning* se preocupa em definir essa técnica de ensino e em apresentar suas vantagens em oposição à aula expositiva e ao Método do Caso.

Quanto a sua definição, parece que a principal divisão está entre: (i) aqueles que, considerando apenas o objeto a partir do qual é desenvolvida a aprendizagem, optam por um conceito muito aberto de *Problem--Based Learning* – que abranja qualquer técnica que se utilize de "problemas" –, o qual acaba por ser pouco útil; e (ii) aqueles que optam por defini-lo de maneira muito restrita, considerando apenas uma deter-

---

[8] Quanto ao ensino do Direito por meio de clínicas, ver o capítulo "Clínica de Direito". Quanto à relação entre *Problem-Based Learning* e clínicas, ver Sylvester e Hall (2004).

minada forma de condução da análise e resolução do problema como elemento definidor dessa técnica.

Definir *Problem-Based Learning* como uma técnica de ensino que tem como ferramenta central a análise de casos complexos, reais ou hipotéticos, que envolvam elementos jurídicos e não jurídicos, significa optar por uma conceituação que considera a "ferramenta central" da técnica como seu elemento classificador – excluindo desse conceito técnicas que não tenham na "resolução de problemas" sua característica principal –, sem, no entanto, determinar uma única forma de condução da análise e resolução do problema como elemento definidor da técnica.

Por sua vez, quanto às suas vantagens, a questão não está em uma oposição entre o *Problem-Based Learning* e o Método do Caso e a aula expositiva – ou qualquer outra técnica –, mas, sim, na verificação de quais tipos de habilidades são mais adequadamente desenvolvidas por meio do *Problem-Based Learning*, para que a utilização dessa técnica, em conjunto com outras existentes, permita que se atinjam os múltiplos objetivos didáticos de uma determinada disciplina e de um determinado curso.

Não há, a rigor, uma determinada técnica de ensino que possa ser considerada melhor do que outra, mas apenas técnicas mais adequadas ao desenvolvimento de determinadas habilidades. Assim, espera-se que o debate em torno das diferentes técnicas de ensino existentes e de suas vantagens e desvantagens permita que as escolhas didáticas sejam feitas tendo em vista tal preocupação, possibilitando decisões informadas e conscientes por parte do educador.

Referências

BARROWS, Howard. A taxonomy of problem-based learning methods. *Medical Education*, n. 20, 1986.

CENTER FOR TEACHING AND LEARNING. Problem-Based Learning. *Speaking of Teaching*, v. 11, n. 1, winter 2001.

HAWKINS-LEÓN, Cynthia G. The socratic method-problem method dichotomy: the debate over teaching method continues. *Brigham Young University Education and Law Journal*, 1998.

KERPER, Janeen. Creative problem solving vs. the case method: a marvelous adventure in which Winnie-The-Pooh meets Mrs. Palsgraf. *California Western Law Review*, n. 34, 1997-1998.

KURTZ, Suzanne; WYLIE, Michael; GOLD, Neil. Problem-based learning: an alternative approach to legal education. *The Dalhousie Law Journal*, n. 13, 1990.

LANDMAN, J. H. The problem method of studying law. *Journal of Legal Education*, n. 5, 1952-1953.

MOSKOVITZ, Myron. Beyond the case method: it's time to teach with problems. *Journal of Legal Education*, n. 42, 1992.

MOSKOVITZ, Myron. From case method to problem method: the evolution of a teacher. *Saint Louis University Law Journal*, n. 48, 2003-2004.

OGDEN, Greory L. The problem method in legal education. *Journal of Legal Education*, n. 34, 1984.

ROA, Patricia Moncada. El aprendizaje basado en problemas: manual del professor – El P.B.L. en el salon de clase. Programa Sócrates – *Taller sobre prácticas pedagógicas*. Universidad de los Andes – Faculdad de Derecho, diciembre 10 y 11 de 2002.

SAVERY, John R.; DUFFY, Thomas M. Problem-based learning: an instructional model and its constructivist framework. *In*: WILSON, Brent Gale (ed.). *Constructivist learning environments*: Case studies in instructional design. Englewood Cliffs: Educational Technology Publications, 1996.

SYLVESTER, Cath; HALL, Jonny; HALL, Elaine. Problem-based learning and clinical education: what can clinical educators learn from PBL? *International Journal of Clinical Legal Education*, v. 6, 2004.

VANZELLA, Rafael Domingos Faiardo. As tradições pedagógicas do método do caso e a Casoteca Latino-Americana de Direito e Política Pública. *Cadernos Direito GV*, v. 4, n. 4, julho 2007.

WARD, Bernard J. The problem method at Notre Dame. *Journal of Legal Education*, n. 11, 1958-1959.

6. *Role-Play*

DANIELA MONTEIRO GABBAY
e LÍGIA PAULA PIRES PINTO SICA

1. Conceituação e o Contexto de Surgimento

O *Role-Play* é o método de ensino por meio do qual o aluno assume um papel e desenvolve, a partir dele, atividades dinâmicas planejadas em relação a determinado tema. O cenário é proposto de forma a inserir o aluno no contexto da situação ou problema que se pretende seja vivenciada e, via de consequência, gere aprendizado. No ensino do Direito, o método visa prioritariamente a levar o aluno a pensar os fatos e construir seus argumentos a partir do papel adotado, o que evidencia a natureza performática desse método.

Tal como outros métodos de ensino participativos, o *Role-Play* passou a ter maior expressão em um contexto de combate às técnicas de ensino tradicionais e de reforma do ensino jurídico, no qual a centralidade no aluno passou a ser priorizada pelo professor, diferentemente da postura antes assumida nas aulas expositivas de natureza conteudística e de pretensão enciclopédica.

Nas escolas de Direito norte-americanas, o *Role-Play* surgiu como uma alternativa ao Método do Caso de Langdell,[1] sendo inicialmente

---

[1] Vide conceituação de Método do Caso no capítulo "Método do Caso". Vide, ainda, SCHRAG (1989).

restrito a tipos específicos de simulações (*moot court exercises* e *trial practice offerings*, para citar alguns exemplos) e depois adotado metodologicamente em vários cursos e disciplinas. A partir de meados da década de 1970, uma série de relatos e artigos sobre experiências práticas[2] com o uso dessa metodologia foi publicada no *Journal of Legal Education*.[3]

No capítulo deste livro que trata do Método do Caso, as autoras mencionam que diversas críticas foram apresentadas àquele método de ensino ao longo dos anos, sendo que a mais frequente entre elas "consiste no argumento de que, ao contrário do que sustentam os defensores da modalidade do Método do Caso, ela não ensina os alunos a 'pensarem como advogados'. Aqueles que se utilizam desse argumento afirmam que a atividade relacionada ao Método do Caso, de analisar decisões judiciais minuciosamente a fim de identificar princípios, normas e argumentos utilizados e rebatidos, raramente é levada a efeito dessa maneira na prática advocatícia. O recurso do advogado a decisões judiciais geralmente ocorre com o intuito de embasar a defesa da tese do cliente, representando apenas uma entre várias ferramentas empregadas para resolução do problema que lhe foi apresentado".[4] Além disso, outros autores alertam para a dificuldade de ensinar aos alunos *como pensam* os advogados sem ensiná-los, ao mesmo tempo, *o que fazem* os advogados.[5]

Nesse sentido, a implementação do método de ensino do *Role-Play* com vistas ao ensino do Direito é meio apto a proporcionar aprendizado pela atuação monitorada do aluno diante de problemas semelhantes àqueles enfrentados pelos advogados no exercício profissional.[6] Este nível

---

[2] O método do *Role-Play* pode ser classificado entre aqueles que propiciam o ensino por meio da prática ou *experiential learning*, definido conforme segue: "*experiential learning has been defined as 'a method of teaching in which students' performance of a task or role is the first step and the primary data in a process of discussion and analysis*". Sobre o tema, vide SPIEGELMAN (1988); SCHULTZ (1992).

[3] Vide a bibliografia sugerida para aprofundamento ao final deste artigo, com base em relatos sobre a aplicação de simulação e *Role-Play* em vários campos temáticos.

[4] Vide o capítulo de Luciana de Oliveira Ramos e Vivian Cristina Schorscher, "Método do caso", nesta obra. Vide, ainda, MOSKOVITZ (2004).

[5] SCHULTZ (1992). Vide também Gordillo (1988, p 23): "*Los distintos roles Del abogado. Cualquiera haya de ser El modo de desempeno Del profesional: magistrado o funcionário judicial, funcionário publico, abogado de empresa, abogado asesor o litigante, siempre lo principal o central de su trabajo será resolver, o ayudar a resolver, casos o problemas concretos*".

[6] Greenebaum e Parsloe chamam a atenção para os benefícios do curso por eles criado, denominado *Roles and relations in legal practice*. Nesse, os métodos de ensino eram *Role-Play*

de monitoramento é uma das diferenças do *Role-Play* em relação às clínicas, nas quais o controle tanto do processo quanto dos resultados é menor diante da imprevisibilidade das contingências evidenciadas na realidade.[7]

Assim, levando-se em consideração a importância de que os alunos aprendam aspectos de competência profissional nos bancos acadêmicos,[8] o método do *Role-Play* (com ou sem simulação) revela-se um instrumento bastante útil e adequado ao ensino do Direito.

1.1 Distinções entre *Role-Play* e Simulação

A diferença entre *Role-Play* e simulação é controversa, e muitos estudiosos tratam essas metodologias indistintamente. Considerar-se-á neste

(majoritariamente); *videotape playback* e pequenos grupos de discussão com advogados que efetivamente lidavam com os problemas tratados quando da aplicação do *Role-Play*. Segundo os autores, *"Roles and Relations in Legal Practice is an attempt to commence students' professional training in a manner which does not depend on external clients, in which the volume and content of work can be effectively regulated, and which can be introduced, assuming that the couse proves itself in its developing phases, into the earliest phases of the curriculum where it can serve to prepare students for clinics and assist the students in their initial adjustment to law and legal education"*.

[7] Sobre as Clínicas de Direito, ver o capítulo de Flávia Scabin e Thiago Acca, "Clínica de Direito", nesta obra, que adotam a seguinte definição: "Clínica de Direito consiste no método de ensino pelo qual os alunos solucionam casos reais com o auxílio dos conhecimentos teóricos apreendidos durante o curso de Direito", sendo três as características mais particulares ou "peculiares a esse método de ensino: (i) a abordagem de casos reais em toda a sua complexidade e imprevisibilidade; (ii) a presença do cliente ou de uma causa a ser defendida; (iii) e a solução de um problema jurídico com a possibilidade de intervenção".

[8] Nancy Schultz atenta para o fato de precisarmos expandir nossa visão do processo de ensino de advogados e juízes e se questiona: *"What do our students need and how do we fill those needs?"*. Em resposta ao seu próprio questionamento, a autora argumenta em seu artigo que a dicotomia ainda prevalecente nos círculos acadêmicos de *skills versus substance* deve ser banida dos nossos pensamentos em prol de permitir que os alunos integrem habilidades e doutrina enquanto ainda estiverem na faculdade, tornando-os advogados melhores, mais responsivos e mais responsáveis. A autora ainda menciona que o ensino dos princípios e doutrina do Direito aliado à sua aplicação unem ideias criativas e pensadas com a habilidade de implementá-las, transmutando-se em benefício aos clientes individualmente e à sociedade em geral. E completa: *"We do not want to produce good technicians with nothing to say any more than we want great thinkers who are unable to translate their thoughts into any kind of usable, concrete form. What is known and understood is useless if it cannot be communicated effectively. Conversely, the communication process cannot be taught and refined without understanding what is to be communicated"* (1992). Vide, ainda, sobre o tema, o tópico 3, denominado "Teoria e prática", no capítulo de Flávia Scabin e Thiago Acca, "Clínica de Direito", nesta obra.

artigo que a diferença é útil porque tais metodologias de ensino demandam níveis diferenciados de vivência comportamental dos papéis assumidos pelos alunos.

A simulação caracteriza-se pela criação de cenários que, na pretensão de replicar a realidade e suas contingências, enfatizam o processo de interação dos alunos a partir de seus diferentes papéis e comportamentos.[9] Pode haver *Role-Play* sem simulação, em um caso no qual os alunos assumem diferentes papéis e perspectivas para analisar determinado problema sem precisar incorporá-los em ações que simulem a realidade, embora não haja simulação sem *Role-Play*, pois a assunção de papéis é pressuposto para a dinâmica de simulação.

Dessa maneira, a simulação será considerada aqui de forma instrumental, pois pode haver *Role-Play* com ou sem simulação, o que sem dúvida demanda níveis de preparação, planejamento e acompanhamento da atividade diferenciados do professor e do aluno.

1.2 A Escolha do *Role-Play* como Método de Ensino

A escolha do *Role-Play* como método de ensino pode ter em vista o desenvolvimento de habilidades e conteúdos dogmáticos variados,[10] mas há algumas habilidades específicas frequentemente desenvolvidas pela aplicação desse método de ensino: trabalho em equipe; técnicas de negociação; contato, triagem e priorização dos interesses daqueles que exercem o papel de clientes; seleção de informações pertinentes à solução do problema apresentado; redação contratual, legislativa e processual; apresentação oral dos argumentos; pesquisa seletiva de materiais; atuação estratégica, entre outras.

Também é importante que os objetivos da atividade estejam claros e sejam compartilhados com os alunos, restando demonstradas sua utilidade e pertinência com a aula ou o curso, de forma a legitimá-los como ferramental didático.

---

[9] Uma definição de simulação dada por Guetzkow, cientista social conhecido pelo seu pioneirismo na análise dessa metodologia, é a de que *"simulation is the construction and manipulation of an operating model of a behaving system of process"* (GUETZKOW, 1962, p. 190).

[10] Essa escolha também deve considerar, primordialmente, os objetivos pedagógicos do(s) encontro(s) e do curso, bem como alguns fatores contingenciais, como o perfil da turma e dos alunos e o tempo disponível para a atividade. O envolvimento pessoal do aluno, sempre relevante, é imprescindível para o funcionamento desse método.

ROLE-PLAY

Por meio do *Role-Play*, pode-se almejar a atuação do aluno nas esferas (i) cognitiva (*what students know and how they think*), (ii) performática (*what students can do*) e (iii) afetiva (*how they feel and experience a situation*), conforme classificação dos objetivos pedagógicos elaborada por Jay Feinmann.[11,12]

Nesse mesmo sentido, segundo Bloom, Engelhart e Furst, é possível considerar que o método *Role-Play* se mostra bastante eficaz no ensino do Direito porque torna possível a maior abrangência de "domínios" a serem alcançados por meio de recursos pedagógicos diversos, sendo esses classificáveis em três tipos: cognitivos, afetivos e psicomotores. O domínio cognitivo se perfaz pela memorização, recognição e desenvolvimento de capacidades e habilidades intelectuais; o domínio afetivo inclui objetivos didáticos que descrevem mudanças de interesse, atitudes e o desenvolvimento de valores e ajustamento adequado; e o domínio psicomotor é aquele vinculado à área das habilidades manipulativas ou motoras.[13]

Dessa forma, pode-se dizer que o aluno não precisa acertar, mas vivenciar determinada realidade ou papel, de forma que normalmente não há uma resposta certa ou errada, mas várias escolhas possíveis, desde que devidamente justificadas e adequadas. A importância da adequação traduz a compreensão do aluno quanto aos limites do papel que deve desenvolver para estabelecer a coerência de seus argumentos.

Nos cursos de Direito, em geral, vivencia-se o papel do advogado (*lawyering simulation*), mas é possível que outras habilidades sejam desenvolvidas a partir de diferentes papéis.[14]

---

[11] FEINMAN (1995, p. 472).

[12] Vide, ainda, BLOOM *et al.* (1972, p. 5-6). Neste livro, os autores buscaram realizar uma taxionomia que permitisse classificar diversos objetivos educacionais, de forma a desenvolver a comunicação entre educadores. Para tanto, percebeu-se que a taxionomia pretendida deveria ser uma classificação lógica, de maneira que se buscou (i) que os termos e expressões fossem definidos tão precisamente quanto possível e (ii) a realização de esforço no sentido de evitar julgamentos de valor sobre objetivos e comportamentos.

[13] BLOOM *et al.* (1972, p. 6-7).

[14] "*Experience exerts a powerful influence over the exercise of discretion. Experiential learning is critically important to moral development. Aristotle stated that one had to practice virtuous behavior, modeling oneself on the good, and then reflect on it for such behavior to become a part of one's character. As Justice Holmes said: 'We learn how to behave as lawyers, soldiers, merchants or what not by being them. Life, not the parson, teaches conduct'.*" Cf. Stuckey *et al.* (2007, p. 151).

MÉTODOS DE ENSINO EM DIREITO

O *Role-Play* normalmente está também presente em outros métodos de ensino, de forma instrumental ou subsidiária, o que acontece com o *Problem-Based Learning* e o Método do Caso,[15] pois em ambos pode-se desenvolver estratégias, formular raciocínios jurídicos, construir argumentos e diagnosticar soluções jurídicas e metajurídicas a partir da assunção de papéis em relação à situação-problema ou ao precedente judicial em questão.

Sobre a postura assumida pelo professor no *Role-Play*, várias questões se colocam. Uma das centrais envolve a assunção pelo professor de um dos papéis do caso, pois deve-se lidar com os riscos de a sua participação implicar em centralização da atividade, erigindo seus posicionamentos em argumentos de autoridade.

De qualquer forma, quando da escolha do método para consecução de atividade que se perfaça ao longo do curso em mais de um encontro, cumpre ressaltar a importância de reuniões constantes entre professor e alunos. Estas são essenciais à instrução e ao acompanhamento da dinâmica e evitam que o aluno (ou grupo) representante de um papel ou interesse se desvie ou se torne obstáculo à boa condução dos trabalhos dos colegas com quem interage na dinâmica. Em função disso, vê-se que em muitas faculdades americanas instituiu-se a figura do professor assistente ou instrutor, que lida diretamente com os alunos acerca da situação-problema vivenciada no *Role-Play* e das posturas, estratégias e construções argumentativas geradas ao longo da atividade.

A partir da postura assumida pelos alunos em cada papel, é possível avaliar as atitudes adotadas sob perspectiva ética e valorativa,[16] o que pode compor inclusive uma parte da avaliação da atividade.

---

[15] Sobre a utilização do *Role-Play* e da simulação como ferramenta em PBL e Método do Caso ver o capítulo de Thomaz Henrique Junqueira de Andrade Pereira, "Problem-Based Learning" e o capítulo de Luciana de Oliveira Ramos e Vivian Cristina Schorscher, "Método do Caso". Vide, ainda: KURTZ, WYLIE e GOLD (1990, p. 797-799).

[16] Os problemas éticos são mais bem trabalhados na prática do que na teoria (BROWN, 1984, p. 640). Nesse mesmo sentido: *"simulation-based courses can help cultivate students' practical wisdom and professional values. For example, students who conduct initial client interviews will consider how to develop rapport with clients and whether and how to obtain personal information from clients. Students who counsel clients will gain insights into how clients' cultural backgrounds and personal values affect their decisions. And students who negotiate with each other must decide whether to lie to gain an advantage. Thus, simulated experience can give students experiences where they can*

2. Descrição Estrutural

A elaboração de um *Role-Play* perpassa diversas fases, que vão desde a montagem do cenário que envolva a situação conflituosa ou problema no qual trabalharão os personagens, distribuição de papéis, até a execução e avaliação da atividade.

Optou-se por elaborar, neste tópico, espécie de conceituação pelo meio descritivo, tendo em vista a proposta da obra da qual faz parte esse texto e a complexidade da formulação de aulas que pressuponham esse método para o ensino do Direito, em especial diante da necessidade de (i) pesquisa de situações-problema adequadas aos objetivos didáticos centrais do curso e/ou da aula; (ii) elaboração de material didático específico ao ensino do Direito, uma vez que os manuais utilizados tradicionalmente não trazem esse tipo de abordagem e conteúdo; e (iii) compreensão do método de *Role-Play* a partir de sua funcionalidade.

Nota-se, contudo, que a maioria da bibliografia produzida sobre esse método trata de relatos de experiências, sobre a sua aplicação a diversos campos temáticos,[17] daí o esforço empreendido neste artigo, de extrair a definição do conceito pela análise descritiva de sua aplicabilidade, tirando proveito dessa relação entre teoria e prática.

Criar e organizar[18] o cenário e uma situação-problema para aplicação do método do *Role-Play* não é tão simples quanto apresentar um

---

be guided by their personal values and their capability to react to fluid situations, while engaging in a detached analysis of the legal problem embedded in the simulation" (STUCKEY et al., 2007, p. 151).

[17] Vide tópico "Para saber mais" deste texto, mais adiante.

[18] Durante a montagem do *Role-Play* deve-se especificar o número de encontros necessários ao bom desenvolvimento da atividade, com vistas ao atendimento dos objetivos didáticos que sejam então delineados.

Esses encontros podem se dar em diferentes formatos (inclusive pela somatória destes): a) tempo de aula ou previsão de horas de preparação prévia para planejamento da atuação do grupo pelos seus integrantes (planejamento e interação intragrupo); b) aula em que se deem debates monitorados entre os grupos que defendam interesses específicos ou pratiquem simulação de cenário específico (interação intergrupo); e c) tempo de reunião entre aluno (ou grupo de alunos, de acordo com a conformação do *Role-Play*) e o professor responsável pela atividade.

Quando se tratar de *Role-Play* que pressuponha atividade continuada (um ou mais encontros), o ideal é que seja previsto tempo disponível para o último tipo de encontro anteriormente descrito, de forma que o professor possa garantir a preparação e o desenrolar monitorado do método aplicado (o denominado *feedback*, com a avaliação de resultados em relação à atividade e ao desempenho dos grupos).

MÉTODOS DE ENSINO EM DIREITO

enunciado ilustrativo sobre a aplicação de algum conceito ou legislação (exemplo: "A" vendeu "x" para "B", mas "B" tornou-se inadimplente. Quais medidas judiciais pode adotar "A" para reaver o bem ou receber o valor correspondente?). A situação conflituosa ideal para um *Role-Play* ou simulação está entre esse tipo de exemplo e o caso real visto nas clínicas (*real time*),[19] com a vantagem de que na simulação pode-se aprender com os erros, o que nas clínicas deve-se evitar, tendo em vista que as consequências da atuação dos alunos nessa última se dão no âmbito do real.[20,21]

A situação-problema estruturada no *Role-Play* pode ser fictícia ou real (*Problem-Based Learning*), ou baseada em decisões judiciais (Método do Caso). Problemas mais complexos, que envolvam elementos jurídicos e não jurídicos, também podem ser usados, com todos os cuidados devidos na definição do cenário e dos papéis a serem trabalhados. O ideal é evitar extremos de complexidade excessiva (o que, muitas vezes, denota artificialidade) e simplicidade demasiada (que trave a dinâmica por ausência de dados e não possibilite desenvolver no aluno a capacidade de "triagem" de informações e dados).

Uma medida de incerteza é sempre necessária para dar espaço à atuação dos alunos na atividade sem engessá-la. É importante também que a situação denote grau de complexidade suficiente para gerar a possibilidade de se obter variadas percepções a partir dos mesmos fatos (problemas passíveis de análise multifocal), ou seja, a possibilidade de interação de personagens distintos, com construções argumentativas e posturas diversas e adequadas à ótica que seja proposta a cada *role*.

---

[19] *"In a hypothetical, the student is presented with a problem that requires the manipulation of doctrine largely divorced from context or client concerns [...]. In a clinical experience, contrarily, the doctrinal issue involved may be the least important concern, because the student must deal primarily with the concerns of an actual client. In between these two extremes lie simulations – more complex than doctrinal hypos, but lacking the intense reality of a live-client experience"* (FEINMAN, 1995, p. 470).

[20] BROWN (1984, p. 639).

[21] Sobre a utilização de clínicas como método de ensino do Direito nos Estados Unidos: *"Legal education in the United States has concentrated almost entirely on intellectual training for the law and neglected too much, in our view, other aspects of professional competence. Intellectual training, by the same token, has suffered in its pedagogy by ignoring the personal and emotional dimensions of the relation of law student to the law. The current movement toward clinical education in law schools is in part a response to these problems"* (GREENEBAUM e PARSLOE, 1976-1977, p. 228).

É possível explorar a habilidade de seleção das informações disponíveis pelos alunos a partir de pesquisas mais livres (habilidade de seleção e priorização das informações) e aproveitar, nos casos reais, a experiência dos personagens que efetivamente atuaram no caso, como os advogados das partes, por meio de encontros e contatos com os grupos de alunos que participam da simulação ou *Role-Play*.

2.1 Descrição e Interpretação dos Papéis e Cenários

A descrição dos interesses de cada personagem é muito relevante para situar o aluno no cenário simulado. Os níveis de personificação e de envolvimento com o papel assumido na dinâmica dependem de uma boa definição prévia dos interesses, o que garante também um controle da fidelidade dos alunos aos interesses do personagem,[22] evitando que o uso da criatividade na manipulação dos fatos implique em perda de foco da atividade. Nesses casos, a elaboração de um plano de ação por cada personagem pode ser de grande valia, inclusive para subsequente avaliação.

As informações confidenciais podem auxiliar a dinâmica de aplicação do método, principalmente quando se trata de simulação, como no caso de negociações simuladas em que as partes recebem a mesma narrativa do problema, mas os interesses e posições de cada uma são repassados confidencialmente a cada grupo, consistindo a atividade muitas vezes na identificação dos óbices encontrados a partir das posições do outro.

Nesse sentido, verifica-se que em diversas situações a assimetria de informação é responsável pela dinâmica da atividade e se faz imprescindível.

No que tange à dimensão temporal no uso dessa metodologia, deve-se considerar o trabalho e a preparação dentro e fora de sala de aula do aluno e do professor, e o bom desempenho das etapas previstas para a atuação no *Role-Play* depende também de sua compatibilização com as demandas das demais disciplinas do curso, daí a importância de um planejamento curricular com esse objetivo.

---

[22] Quanto à distribuição dos papéis entre os alunos, ela pode ser feita de variadas maneiras. Havendo divisão em grupos, por exemplo, é possível haver tanto vários papéis no mesmo grupo como vários grupos com o mesmo papel. O mais importante é que haja uma tentativa de se aproximar de uma distribuição igualitária de tarefas e demandas. A escolha do papel a ser exercido por cada aluno pode, em alguns casos, ser feita pelo professor, a partir do perfil do aluno, desde que devidamente justificada.

2.2 Avaliação

É importante diferenciar a necessidade de "avaliação do método" em função de seus objetivos didáticos e os "métodos avaliativos" da participação dos alunos (metodologia de criação de critérios).

A avaliação do desempenho dos alunos pode ser oral (com base na atuação dos personagens) ou escrita (incidindo na redação de plano de ação, memorandos, contratos, peças processuais, dentre outros); individual (o que evita o "efeito carona" de alguns alunos) ou em grupo; com foco no conteúdo ou nas habilidades desenvolvidas. Pode também ser realizada pelo aluno (avaliação entre os pares) e pelo professor. As possibilidades são variadas, mas é muito importante que em todas elas a avaliação seja contínua e que os critérios utilizados sejam apresentados e discutidos pelos partícipes da atividade desde seu início.

A construção de uma matriz avaliativa que indique os fatores quantitativos e qualitativos que serão utilizados pelo professor como critérios de avaliação propicia aos alunos maiores chances de alcançar os objetivos pedagógicos almejados, bem como facilita a relação aluno-professor. Isso porque a clareza e a transparência quanto aos critérios que serão utilizados para avaliação do desempenho dos personagens e da atividade dão espaço a um menor grau de subjetividade do avaliador.

Importante que seja prevista, ainda, além da avaliação dos alunos, uma avaliação da atividade por meio da qual o método de ensino foi aplicado, a qual também pode gerar reflexões relevantes para um aprimoramento da dinâmica a partir das críticas.

Em resumo, a avaliação do método poderá se dar pela análise da dinâmica realizada, do grau de envolvimento com o personagem ou interesse delimitado e dos resultados alcançados em função dos objetivos didáticos pré-estabelecidos (desenvolvimento de habilidades e/ou competências e/ou assimilação de conhecimento conteudístico). Já outros tópicos, como (i) verificação da carga de leitura, (ii) tempo consignado à preparação dos alunos e (iii) eficiência na utilização do espaço para manifestação, deverão ser analisados de acordo com a adequação ao meio, público e formato do curso.

Referências

BERGMAN, Paul; SHERR, Avrom; BURRIDGE, Roger. Learning from experience: non-legally-specific role plays. *Journal of Legal Education*, v. 37, 1987, p. 535-553.

BLOOM, Benjamin *et al. Taxionomia de objetivos educacionais*: domínio cognitivo. Porto Alegre: Globo, 1972.

BROWN, James M. Simulation teaching: a twenty-second semester report. *Journal of Legal Education*, v. 34, 1984, 638-653.

FEINMAN, Jay M. Simulation: an introduction. *Journal of Legal Education*, v. 45, 1995, p. 469-479.

GELPE, Marcia. Professional training, diversity in legal education, and cost control. Selection, Training and Peer Review for Adjunct Professors, *Wm. MITCHELL Law Review*, v. 25, 1999.

GORDILLO, Agustín. *El método en derecho*: aprender, ensenar, escribir, crear, hacer. Madrid: Editorial Civitas, 1988.

GREENEBAUM, Edwin H; PARSLOE, Phyllida. Roles and relations in legal practice. *Journal of Legal Education*, v. 28, 1976-1977, p. 228-233.

KURTZ, Suzanne; WYLIE, Michael; GOLD, Neil. Problem-based learning: an alternative approach to legal education. *The Dalhousie Law Journal*, n. 13, 1990, p. 797-799.

MOSKOVITZ, Myron. From case method to problem method: the evolution of a teacher. *Saint Louis University Law Journal*, v. 48, 2004, p. 1.214.

SCHRAG, Philip G. The serpent strikes: simulation in a large first-year course. *Journal of Legal Education*, v. 39, 1989, p. 555.

SCHULTZ, Nancy. How do lawyers realy think? *Journal of Legal Education*, v. 42, 1992, p. 57-73.

SPIEGELMAN, Paul J. Integrating Doctrine, Theory and Practice in the Law School Curriculum: the logic of jake's ladder in the context of Amy's. *Journal of Legal Education*, v. 38, 1988.

STUCKEY, Roy *et al*. Best practices for legal education, published in the United States by the Clinical Legal Education Association, 2007 (versão eletrônica extraída do website da Clinical Legal Education Association, disponível em: http://cleaweb.org/. Acesso em: 18 jul. 2020).

VAUGHN, Robert G. Use of simulation in a first year civil procedure class. *Journal of Legal Education*, v. 45, 1995, p. 480-486.

Para Saber Mais

Para conhecer relatos de experiências e análises críticas sobre a aplicação dos métodos de ensino "simulação" e *"Role-Play"*, ver: em *Direito administrativo* (BOTEIN, Michael. Simulation and role-playing in administrative law. *Journal of Legal Education*, v. 26, 1973-1974, p. 234-260); em *Direito constitucional* (DAVIDOW, Robert P. Teaching constitutional law and related courses through problem-solving and Role-Playing. *Journal Legal Education*, v. 34, 1984, p. 527-533; DAY,

David S. Teaching constitutional law: Role-Playing the Supreme Court. *Journal of Legal Education*, v. 36, 1986, p. 268-273); em *Contratos e direito privado* (HEGLAND, Kenney F. Fun and games in the first year: contracts by roleplay. *Journal Legal Education*, v. 31, 1981-1982, p. 534-543; PÜSCHEL, Flavia Portella. Um "Role-Play" para começar: relato de uma experiência de simulação com alunos iniciantes. *Cadernos Direito GV*, São Paulo, v. 5, p. 3-25, 2005; PÜSCHEL, Flavia Portella (Org.). *Organização das relações privadas*: uma introdução ao direito privado com métodos de ensino participativos. 1. ed. São Paulo: Quartier Latin, 2007); em *Processo civil e meios alternativos de solução de conflitos* (WILLIAMS, Gerald R. Using simulation exercises for negotiation and other dispute resolution courses. *Journal of Legal Education*, v. 34, 1984, p. 307-314; VAUGHN, Robert G. Use of simulation in a first year civil procedure class. *Journal of Legal Education*, v. 45, 1995, p. 480-486); em *Falência e recuperação de empresas* (FRY, Patricia Brumfield. Simulating dynamics: using role-playing to teach the process of Bankruptcy reorganization, *Journal of Legal Education*, v. 37, 1987, p. 253-260); em *Direito internacional* (SANCHEZ, M. R. Uma atividade de simulação no curso de direito internacional econômico: suas vantagens e seus desafios didáticos. *In*: VANZELLA, Rafael Domingos Faiardo (org.). *Métodos de ensino-aprendizado do direito*: experiências docentes. São Paulo: Saraiva, 2007); dentre outras áreas (HOLLANDER, Patrícia A. The simulated law firm and other contemporary law simulations. *29 Journal of Legal Education*, v. 29, 1977-1978, p. 311-351).

7. Seminário

ANA MARA FRANÇA MACHADO
e CATARINA HELENA CORTADA BARBIERI

Introdução

Encontrar uma conceituação unívoca da técnica de ensino Seminário é uma tarefa difícil. A aplicação da técnica pode se dar de diversas maneiras, todas elas conservando seu objetivo primordial. Neste capítulo não se pretende apresentar um roteiro rígido de como essa técnica deve ser aplicada, mas, sim, expor algumas de suas características básicas e apresentar algumas dinâmicas que possam auxiliar o professor e o aluno na aplicação dessa técnica para atender às suas necessidades e objetivos.

Assim, buscaremos trazer alguns exemplos de como e em quais momentos a técnica pode ser aplicada nos cursos de Direito, tarefa essa que enfrenta o obstáculo de não haver bibliografia especializada. Assim, a base desse estudo são textos dirigidos ao ensino de Ciências Humanas e Pedagogia, cuja abordagem procuraremos adaptar às peculiaridades do ensino do Direito. Vale observar a curiosa situação dessa técnica no âmbito do Direito. Embora seja possível verificar que a opção por sua utilização é recorrente, não há igual interesse em uma reflexão metodológica aprofundada no campo jurídico. Esse seria mais um sintoma do problema que verificamos no País: muita prática e pouca reflexão.

O estudo será iniciado com uma conceituação preliminar da técnica a partir de diferentes autores brasileiros e estrangeiros. Na sequência,

MÉTODOS DE ENSINO EM DIREITO

será exposta uma classificação dos seminários quanto ao seu objeto de estudo, buscando situar seu uso no contexto específico de um curso de Direito, sua aplicação, habilidades e competências trabalhadas. Por fim, serão apresentados alguns requisitos para que a dinâmica do seminário seja bem-sucedida.

1. Conceituação Preliminar

O Seminário é uma técnica de ensino participativo, em que os alunos são o centro da atividade. Os alunos são desafiados a enfrentar um tema ou texto proposto pelo professor e o resultado não são respostas certas, mas suas próprias interpretações. Assim, mais do que uma técnica de ensino, o Seminário é um processo de estudo coletivo, segundo Severino (2002, p. 63).

Os objetivos pedagógicos da atividade de Seminário são a reflexão aprofundada, o julgamento e a crítica de determinado tema ou texto. Esse método auxilia a acabar com a ideia de que o conhecimento deve ser visto como conclusões isoladas baseadas na evidência e, assim, estimula o pensamento reflexivo (LOWMAN, 2007, p. 160). Sua importância é grande por aumentar o envolvimento do aluno no processo de aprendizado, rompendo com a rotina da aula expositiva. Como técnica, o Seminário possui um caráter instrumental e, portanto, sua escolha e utilização devem estar condicionadas aos fins didáticos que se pretende atingir (VEIGA, 2006, p. 8).

Há características atribuídas ao Seminário que estão estreitamente ligadas aos objetivos pedagógicos, às habilidades trabalhadas e à dinâmica de aplicação da técnica (esse ponto será retomado no item 3 deste capítulo). Seus objetivos pedagógicos são claros; no entanto, a caracterização desse método encontra algumas vertentes.

Antonio Carlos Gil (2006, p. 172) afirma que, em geral, o Seminário é utilizado para designar qualquer atividade em sala de aula que se inicia pela apresentação de um tema ou texto por um grupo de alunos. O autor apresenta o Seminário como um subtipo da técnica de discussão[1] acrescida de características bastante especiais.

---

[1] Para definições, diferenças e semelhanças entre a discussão e o debate, ver o capítulo de Daniel Monteiro Peixoto, nesta obra.

Segundo Gil (2006, p. 172), trata-se de uma técnica que envolve o trabalho de um grupo que, reunido previamente, pesquisa um tema específico e prepara o material para ser discutido. Na concepção desse autor, a característica a ser destacada no Seminário não é a tradicional apresentação inaugural feita pelo grupo, isto é, uma exposição do tema ou do texto escolhido capitaneada pelos alunos, mas o aspecto da pesquisa prévia e a posterior atividade de discussão com o restante da turma (GIL, 2006, p. 173). Como será possível observar mais detalhadamente no curso deste artigo, a discussão entre os alunos é aspecto fundamental para a caracterização dessa técnica, que não deve ser confundida com uma aula expositiva dada por alunos a alunos, mesmo porque se trata de uma técnica de ensino socializado.

Ilma Veiga (1991, p. 104) destaca o Seminário como uma dentre várias técnicas de ensino socializado que se popularizaram a partir do movimento da Escola Nova[2] e, mais especificamente, a partir da difusão dos estudos de psicologia social acerca da dinâmica de grupo dos anos 1950 em diante. Nele, como em todas as técnicas de ensino socializado, o diálogo entre estudantes e professor é assumido como uma atividade necessária e propícia à reflexão.[3] Em sentido amplo, a autora conceitua o Seminário como uma "técnica de ensino socializado, na qual os alunos se reúnem em grupo com o objetivo de estudar, investigar, um ou mais temas, sob a direção do professor" (VEIGA, 1991, p. 110).

Assim como em Antonio Gil (2006), Veiga destaca o Seminário como uma atividade propícia para que os alunos aprimorem a capacidade de pesquisar e investigar um tema dado, como também de elaborar juízos críticos e desenvolver independência intelectual (VEIGA, 1991, p. 110).

---

[2] O movimento da Escola Nova se propagou no Brasil a partir da década de 1930. Inspirado no pensamento de John Dewey (filósofo e pedagogo), o movimento pretendia romper com o ensino "tradicional", que era identificado por uma tradição humanista-cristã, e propagar as ideias de uma escola pública, laica e que propiciasse a equalização das oportunidades. Entre os educadores que lideraram o movimento da Escola Nova no Brasil estão Anísio Teixeira, da Bahia, Fernando de Azevedo e Manuel Lourenço Filho, de São Paulo.

[3] Embora reconheça algumas limitações e problemas de aplicação dessa técnica sob a perspectiva histórica, Veiga salienta que a popularização do uso do Seminário como ferramenta de ensino na graduação e pós-graduação em diferentes licenciaturas marca uma mudança em relação à concepção de práticas de ensino, com a superação do modelo repetitivo e acrítico, marcado pela utilização exclusiva da aula expositiva, para uma prática reflexiva e crítica introduzida pelas técnicas de ensino socializadas.

MÉTODOS DE ENSINO EM DIREITO

Para Veiga, o emprego do Seminário implica em três fases, cada uma marcada por diferentes encargos para o professor e para os alunos. A primeira fase, de preparação, engloba a pesquisa e investigação a serem realizadas pelos alunos. A segunda se constitui na apresentação do tema e na sua discussão por meio da utilização de outras técnicas, como exposição oral, o debate e a discussão. A terceira e última fase consiste na avaliação da atividade como um todo e na eventual atribuição de nota ou menção aos alunos (VEIGA, 1991, p. 111-112).

Já Antonio Joaquim Severino (2002, p. 63) caracteriza o Seminário de forma mais restrita, como um método de estudo e atividade didática típicos de cursos universitários. O objetivo da atividade é levar os participantes a uma reflexão aprofundada acerca de um determinado problema, partindo de textos e trabalhando em equipe. Para ele, a principal vantagem do Seminário é levar o aluno a ter um contato íntimo com o texto, fazer uma análise e interpretação, extrair a ideia que o norteia e colocá-la para discussão com os demais membros do grupo. Como será apresentado a seguir, essa acepção exposta por Severino equivale à classificação de "seminário de leitura".

É válido também destacar a conceituação de Francisco Larroyo (1959), que se afasta substancialmente das anteriores. Segundo ele, o que define o Seminário não é a mera relação ou trato direto entre professor e alunos, ou mesmo a formação de um grupo de estudos sob a direção de um professor, mas o que o singulariza é a função de investigar ou ensinar a investigar (LARROYO, 1959, p. 141).

Até este ponto não se observa tamanha discrepância em relação às conceituações. No entanto, para Larroyo o Seminário não deve ser confundido com mesas redondas, simpósios ou meras discussões em grupos; deve se aproximar do modelo das instituições organizadas para a produção científica e investigação contínua de um único tema (LARROYO, 1959, p. 147). Essa investigação ou esse "ensinar a investigar" deve ser feita de forma especializada dentro da ciência que estiver em questão e de forma contínua e permanente (LARROYO, 1959, p. 142).

2. Aplicação da Técnica a partir de Seu Objeto de Estudo

Como vimos, podemos enumerar como elementos essenciais à caracterização da técnica a preparação prévia dos alunos, a apresentação feita

SEMINÁRIO

por um grupo e a posterior discussão com toda a classe sobre o objeto de estudo: texto, tema, pergunta ou projeto. Ao professor cabe o papel de coordenador do debate, como veremos adiante.

Diante das conceituações tratadas, elaboramos uma classificação do Seminário de acordo com seu objeto de estudo. Ele pode ter três formatos: (i) Seminário de leitura, (ii) Seminário temático e (iii) Seminário de pesquisa. É importante ressaltar novamente que não há uma dinâmica de trabalho específica para cada formato de Seminário; cabe ao professor decidir o que melhor se aplica a cada caso.

O Seminário de leitura tem como objeto de estudo um texto indicado pelo professor. Essa atividade visa a aprofundar a matéria estudada, esclarecê-la ou mesmo introduzir novo tema de estudo, além de treinar os alunos na técnica de leitura crítica e analítica.

A partir de como o texto escolhido é trabalhado durante o Seminário, pode-se dizer que há dois tipos de Seminário de leitura. No primeiro tipo, que pode ser chamado de problematizante, o texto escolhido pelo professor é o ponto de partida para uma discussão que vai além do seu conteúdo. Isto é, o texto serve como subsídio comum e inicial para instigar os alunos a irem além do texto e discutirem suas interpretações e visões. O professor pode, por exemplo, propositalmente escolher um texto polêmico para estimular nos alunos a capacidade de construir argumentos e expô-los à crítica do grupo.

O segundo tipo de Seminário de leitura é o Seminário de leitura interna. Ele consiste em um exercício rigoroso de leitura, em que a compreensão e discussão do próprio texto escolhido é o objetivo almejado pelo professor. A discussão tem como fundamento a identificação do processo criativo de construção dos argumentos do autor. Nesse caso, aos alunos cabe identificar a estrutura arquitetônica do texto, seus principais argumentos, conceitos e o posicionamento do autor. Em um segundo momento da atividade ocorre a discussão e a problematização do texto. Diferentemente do primeiro tipo, no exercício de leitura interna o texto não é um ponto de partida para a discussão, mas o objetivo de realizá-la.[4]

---

[4] Especialmente no caso do seminário de leitura interna do texto, é importante aliar, à estrutura do Seminário, técnicas específicas de como ler um texto. Há uma infinidade de referências a esse respeito, mas é importante que o professor se incumba de disponibilizá-las

MÉTODOS DE ENSINO EM DIREITO

Para uma boa aplicação dessa técnica, esse exercício não pode se restringir aos expositores; toda a sala deve participar do processo. Assim, a leitura prévia do texto por parte de toda a sala é essencial para a dinâmica da atividade. Desse modo, os alunos que assistem à apresentação do(s) colega(s) podem exercer a atividade crítica e pessoal de avaliação e problematização da apresentação. Tendo acesso aos mesmos materiais, o aluno pode avaliar se faria as mesmas escolhas se fosse o apresentador; discordar ou concordar dos pontos de vista explicitados, e assim exercitar sua capacidade de análise e reflexão. Cabe lembrar que a exposição será resumida, mais indicativa do que explicativa, e não substitui a leitura do texto básico, mas antes a exige (VEIGA, 1991, p. 65). Assim, mais do que aceitarem o conteúdo passado pelo professor ou pelos colegas como absoluto, deixando toda a tarefa do ensino-aprendizagem ao professor, o aluno passa a exercitar o "aprendizado ativo", em que ele se torna o centro de seu próprio aprendizado.[5]

Pode-se pretender maior neutralidade durante a exposição com uma apresentação da estrutura argumentativa do autor, seus argumentos e conclusões. Nesse caso os alunos devem demonstrar que entenderam a estrutura do texto, ou seja, devem demonstrar que sabem ler um texto. O debate pode se restringir somente à interpretação da análise feita pelo autor, sua tese e suas conclusões, ou pode ultrapassar esse limite, passando à problematização do tema.

Outra ferramenta que pode auxiliar no bom andamento do Seminário é a elaboração de um roteiro de leitura do texto pelos alunos. A elaboração prévia pelo grupo expositor de um texto roteiro didático ou algo similar deve expressar a estrutura arquitetônica do texto. Não se trata de um resumo do texto, mas, sim, de uma análise de sua construção e encadeamento.

---

aos alunos antes do início dos seminários. Para uma primeira aproximação da questão, ver Severino (2002) e Macedo Jr. (2007).

[5] "Aprendizagem ativa refere-se a muitas técnicas que têm o objetivo de encorajar os alunos a realizar mais trabalhos do curso, durante as aulas. Tais técnicas, acredita-se, têm maior probabilidade de fazer com que eles sejam participantes ativos e não passivos das aulas (BONWELL e EISON, 1991; DUFFY e JONES, 1995; MEYERS e JONES, 1993). Ao solicitar aos estudantes que falem, ouçam, escrevam, leiam ou reflitam, a meta é sempre promover envolvimento em seu próprio aprendizado, de maneira que reflita seus estilos de aprendizagem individual e preferências" (LOWMAN, 2007, p. 194).

SEMINÁRIO

No ensino do Direito, os seminários de leitura podem ser usados em diferentes momentos do curso para desenvolver diferentes habilidades. Nos primeiros anos e nas disciplinas introdutórias, como Introdução ao Estudo do Direito e Filosofia do Direito, por exemplo, o Seminário de leitura interna pode ser um bom meio para efetivamente ensinar os alunos a ler e a desenvolver a capacidade de compreensão de textos complexos. Também os Seminários de leitura problematizante podem ser utilizados como uma estratégia didática para chamar a atenção dos alunos em diferentes disciplinas e trabalhar o desenvolvimento de habilidades como o raciocínio jurídico.

O Seminário temático segue o mesmo propósito do Seminário de leitura, mas se diferencia do anterior por demandar do aluno que busque mais livremente os subsídios que irão orientar a sua exposição. Em razão disso, não há uma leitura previamente estabelecida pelo professor. Ao aluno ou grupo de alunos é dado um tema ou problema, a partir do qual terá de pesquisar e montar uma exposição que corresponda ao que foi pedido pelo professor.

Não havendo material previamente dado para iniciar a discussão, cabe ao professor tomar cuidado quanto a alguns aspectos: a liberdade dada aos alunos na escolha do material que servirá de subsídio a sua apresentação pode acarretar em escolhas inadequadas, isto é, que se afastem dos objetivos didáticos pretendidos. Para evitar tais problemas é importante, em primeiro lugar, que o professor apresente tais objetivos aos alunos. Como exemplo, um professor da disciplina de Direito Constitucional ou Direitos Fundamentais que queira discutir os aspectos constitucionais da pesquisa com células-tronco pode optar por conduzir a discussão por diversos caminhos: moral, política e direitos fundamentais são alguns deles. A explicitação do viés constitucional, por exemplo, é fundamental para que os alunos possam focar sua preparação nessa questão, e não, por exemplo, nos aspectos exclusivamente religiosos da questão.

Em segundo lugar, é fundamental que o grupo mantenha um diálogo com o professor, que pode auxiliá-lo em suas escolhas. O professor não deve pautar o trabalho de pesquisa dos alunos, mas orientá-los de modo a que não percam o foco no objeto de estudo de acordo com os objetivos traçados e explicitados para a sala.

MÉTODOS DE ENSINO EM DIREITO

O Seminário de pesquisa é muito utilizado na pós-graduação. De certa maneira, trata-se de um seminário de leitura, pois também há um texto previamente determinado para a discussão. A especificidade do Seminário de pesquisa é que se trata de uma oportunidade para os alunos discutirem seus projetos de pesquisa em andamento ou em fase de elaboração. A discussão coletiva tem como propósito auxiliar o aluno de pós-graduação a delimitar melhor seu tema de estudo, concretizar suas opções metodológicas e temáticas. O diálogo com colegas que estão enfrentando o mesmo desafio pode ser muito produtivo pelo fato de os problemas, dúvidas e questões em debate serem muito semelhantes, dada a natureza dos trabalhos e o estágio intelectual dos participantes da atividade.

3. A Dinâmica de Aplicação da Técnica

A dinâmica do Seminário é definida pelo professor que o coordena. Não há um modelo rígido pré-estabelecido, mas algumas diretrizes comuns que devem ser seguidas para sua caracterização.

Embora esse seja um método de ensino participativo, não se pode deixar de lado a diretividade do professor. A ele cabe o papel de definir qual será o objeto do trabalho (se um texto complexo, um tema ou projeto de pesquisa em andamento), como esse objeto será trabalhado e com que objetivo e, por fim, incumbe-lhe ser o coordenador da discussão.

Sua função é fazer com que os alunos não fujam dos objetivos gerais previamente estabelecidos para a atividade. Sua interferência deve ser a menor possível e não deve ter o tom de argumento de autoridade. Faz parte dessa atividade fazer com que os alunos reflitam sobre o tema apresentado e construam suas próprias conclusões. No entanto, o professor deve estar atento caso a discussão se afaste de seu objeto. Não se trata de apresentar "conclusões corretas", mas, sim, de fornecer subsídios para que os alunos percorram o caminho que os levará a solucionar suas dúvidas e concretizar os objetivos da atividade.

Uma dificuldade encontrada na caracterização da técnica é o perigo de o aluno terminar por dar uma aula aos colegas. Antonio Gil (2006, p. 172) afirma que a rejeição do Seminário por professores e alunos no Brasil vem do fato de ele figurar entre as técnicas mais mal utilizadas. A esse respeito ele diz que: "Costuma-se chamar de seminário qualquer

SEMINÁRIO

apresentação feita por estudantes em classe, até mesmo de resumos de capítulos de livros [...] É apenas uma aula expositiva que é dada não pelo professor, pago para ministrá-la, mas, sim, pelos alunos que pagaram para assisti-la" (GIL, 2006, p. 172).

O bom proveito para os alunos da utilização da técnica de Seminário depende diretamente do envolvimento de todos no processo de aprendizagem coletivo. De forma alguma ele deve se reduzir a uma aula expositiva apresentada por um aluno ou grupo expositor e comentada pelo professor: "ele deve ser um círculo de debates para o qual todos devem estar suficientemente equipados" (SEVERINO, 2002, p. 69). Caso contrário, anula-se o caráter participativo e coletivo que torna o Seminário interessante como técnica de ensino. Para garantir que haja envolvimento e participação de todos na discussão, cabe ao professor estimular o comprometimento e a participação de todos os colegas nessa atividade que essencialmente deve ser coletiva.

O Seminário, no seu desenrolar, pode se utilizar da exposição oral, da discussão e do debate. Como vimos, não importa o formato que o Seminário adote, a discussão é estágio essencial dessa atividade e é uma característica do ensino socializado. Se bem conduzida, a discussão pode promover pensamento independente e motivação, assim como aumentar o envolvimento do aluno (LOWMAN, 2007, p. 157). "Os estudantes aprenderão e lembrarão melhor a informação se eles possuírem muitas associações cognitivas com ela; aprender informação isolada é mais difícil e menos permanente do que aprender uma informação que está conectada com uma rede de outros materiais" (LOWMAN, 2007, p. 138). Mais ainda, segundo Veiga (1991, p. 105), em grupos formados com objetivos educacionais, a interação entre os colegas permite-nos afirmar que os alunos não aprenderão somente com o professor, mas também por meio da troca de conhecimentos, sentimentos e emoções dos outros alunos.

A discussão não é a melhor forma de apresentar um novo conteúdo ao aluno, mas ajuda a dominá-lo, encorajando os estudantes a processarem ativamente o que aprendem enquanto estão em sala de aula. Pedir a alguns alunos que pensem e falem alto pode encorajar todos os demais a pensar mais integralmente sobre o conteúdo e ajudar a assimilar e a integrar as informações que adquiriram inicialmente das leituras ou das preleções (LOWMAN, 2007, p. 159).

MÉTODOS DE ENSINO EM DIREITO

A dinâmica do seminário pode ser estabelecida a partir da matriz avaliativa criada pelo professor. Com base nela são traçados os objetivos pretendidos naquela aula e que condicionam a escolha do seminário como o meio mais adequado para atingi-los, bem como as diretrizes gerais da atividade em sala, as limitações e critérios de avaliação, caso seja utilizado para esse fim.[6]

Na apresentação inicial do grupo, quando houver, os alunos expõem a sua leitura do texto ou a pesquisa realizada sobre o tema proposto pelo professor. Na sequência, os alunos-apresentadores e/ou o professor podem fazer indagações que levem a uma discussão envolvendo toda a turma. O seminário, por propiciar um maior contato entre professor e alunos, pode explicitar deficiências ou pontos positivos no processo de ensino. Os alunos, por terem maior voz ativa, são protagonistas em seu próprio processo de aprendizado e, a partir de suas intervenções durante a discussão do texto ou do tema, o professor consegue verificar se o que foi trabalhado em aulas anteriores foi absorvido pela sala e de que modo isso se deu.

Como se pôde observar, o método de ensino Seminário não é rígido e o que se buscou foi esclarecer seus contornos gerais. No entanto, o Seminário não pode ser utilizado em qualquer contexto ou meramente como um substitutivo quando o professor não quer ministrar aulas expositivas. É possível constatar que ele será uma escolha adequada quando o objetivo didático for ensinar certas habilidades e competências, como ler um texto complexo, aprender a trabalhar em grupo, especialmente pesquisar em grupo, colher informações, filtrá-las, sistematizá-las e transformá-las em uma apresentação, ensinar a abordar racionalmente um problema ou um tópico, monitorar processos próprios de pensamento, questionar pressuposições implícitas, desenvolver a capacidade de refletir e expor argumentos perante um grupo, ouvir críticas e, portanto, verdadeiramente discutir ideias.

No âmbito específico de um curso de Direito, tais habilidade e competências gerais podem ser refinadas pelo fato de que a discussão pode ser um momento para estimular o raciocínio jurídico ou para apresentar

---

[6] É importante ressaltar que a atividade deve ser seguida de uma avaliação informal (*feedback*) para que o professor tenha parâmetros para verificar se os objetivos didáticos propostos foram atingidos e para que o aluno tenha subsídios para medir seu próprio desempenho.

textos complexos. De qualquer forma, para que não persistam os exemplos de má utilização do seminário, é fundamental que se tenha clareza sobre as habilidades e competências que se quer ensinar aos alunos e as vantagens e desvantagens de fazê-lo por meio de uma técnica de ensino socializado.

Referências

GIL, Antonio Carlos. *Didática do ensino superior.* São Paulo: Atlas, 2006.

LARROYO, Francisco. *Pedagogia de al enseñanza superior:* naturaleza, métodos, organización. México: Universidad Nacional Autônoma de México, 1959.

LOWMAN, Joseph. *Dominando as técnicas de ensino.* 2. ed. São Paulo: Atlas, 2007.

MACEDO JR., Ronaldo Porto. O método de leitura estrutural. *Cadernos Direito GV,* n. 16, março 2007.

SEVERINO, Antônio Severino. *Metodologia do trabalho científico.* 22. ed. São Paulo: Cortez, 2002.

VEIGA, Ilma Passos Alencastro (org.). *Técnicas de ensino:* por que não? Campinas: Papirus, 1991.

VEIGA, Ilma Passos Alencastro (org.). *Técnicas de ensino:* novos tempos, novas configurações. Campinas: Papirus, 2006.